Verena Euler
Andreas Reul

Deutsch üben

Differenzierte Materialien
für das ganze Schuljahr

5

Auer

5. Auflage 2022
© 2011 Auer Verlag, Augsburg
AAP Lehrerwelt GmbH
Alle Rechte vorbehalten.

Das Werk als Ganzes sowie in seinen Teilen unterliegt dem deutschen Urheberrecht. Der*die Erwerber*in der Einzellizenz ist berechtigt, das Werk als Ganzes oder in seinen Teilen für den eigenen Gebrauch und den Einsatz im eigenen Präsenz- oder Distanzunterricht zu nutzen.
Produkte, die aufgrund ihres Bestimmungszweckes zur Vervielfältigung und Weitergabe zu Unterrichtszwecken gedacht sind (insbesondere Kopiervorlagen und Arbeitsblätter), dürfen zu Unterrichtszwecken vervielfältigt und weitergegeben werden.
Die Nutzung ist nur für den genannten Zweck gestattet, nicht jedoch für einen schulweiten Einsatz und Gebrauch, für die Weiterleitung an Dritte einschließlich weiterer Lehrkräfte, für die Veröffentlichung im Internet oder in (Schul-)Intranets oder einen weiteren kommerziellen Gebrauch.
Mit dem Kauf einer Schullizenz ist die Schule berechtigt, die Inhalte durch alle Lehrkräfte des Kollegiums der erwerbenden Schule sowie durch die Schüler*innen der Schule und deren Eltern zu nutzen.
Nicht erlaubt ist die Weiterleitung der Inhalte an Lehrkräfte, Schüler*innen, Eltern, andere Personen, soziale Netzwerke, Downloaddienste oder Ähnliches außerhalb der eigenen Schule.
Eine über den genannten Zweck hinausgehende Nutzung bedarf in jedem Fall der vorherigen schriftlichen Zustimmung des Verlags.

Sind Internetadressen in diesem Werk angegeben, wurden diese vom Verlag sorgfältig geprüft. Da wir auf die externen Seiten weder inhaltliche noch gestalterische Einflussmöglichkeiten haben, können wir nicht garantieren, dass die Inhalte zu einem späteren Zeitpunkt noch dieselben sind wie zum Zeitpunkt der Drucklegung. Der Auer Verlag übernimmt deshalb keine Gewähr für die Aktualität und den Inhalt dieser Internetseiten oder solcher, die mit ihnen verlinkt sind, und schließt jegliche Haftung aus.

Autor*innen: Verena Euler, Andreas Reul
Umschlagfoto: fotolia.com
Illustrationen: Steffen Jähde
Satz: Typographie & Computer, Krefeld
Druck und Bindung: Korrekt Nyomdaipari Kft., Budapest
CD-Pressung: optimal media production GmbH, Röbel/Müritz
ISBN 978-3-403-**06728**-3

www.auer-verlag.de

Inhaltsverzeichnis

Vorwort **4**

Wortarten bestimmen **5**
    Nomen und Artikel 5
    Pronomen 9
    Verben 14
    Adjektive 20

Zeitformen **25**
    Präsens 25
    Präteritum 28
    Perfekt 31
    Plusquamperfekt 34
    Futur I 37

Zeichen setzen **40**
    Satzarten 40
    Kommasetzung 43
    Wörtliche Rede 46

Richtig schreiben **49**
    Langer Vokal 49
    Kurzer Vokal 52
    s-Laute 55
    Schwierige Konsonanten 58
    Doppelkonsonanten 61
    Silbentrennung 64
    Groß- und Kleinschreibung 67

Wortkunde und sprachlicher Ausdruck **70**
    Wortfelder und Wortfamilien 70
    Bedeutungslehre 73

Texte schreiben und verstehen **76**
    Geschichten erzählen 76
    Briefe schreiben 79
    Märchen und Sagen erzählen 82

Die Lösungen zu allen Aufgaben finden Sie auf der beiliegenden CD-ROM!

Vorwort

Schüler[1] individuell zu fördern, bedeutet, sie da abzuholen, wo sie stehen. Konkret heißt das, dass bereits vorhandene Kompetenzen gezielt ausgebaut werden. Um diesem Anspruch gerecht zu werden, sollten Übungsmaterialien entsprechend unterschiedliche Schwierigkeitsstufen bedienen.

In der vorliegenden Unterrichtshilfe finden Sie zu **sechs grundlegenden Themen des 5. Schuljahrs**, die noch einmal in Unterthemen aufgegliedert sind, **Arbeitsblätter auf zwei Niveaustufen**. Zusätzlich gibt es zu Beginn jedes Unterthemas ein **Merkblatt**, mit dem Sie noch einmal die wichtigsten Inhalte wiederholen können. Folgende Themen werden behandelt:

- Wortarten bestimmen,
- Zeitformen,
- Zeichen setzen,
- Richtig schreiben,
- Wortkunde und sprachlicher Ausdruck,
- Texte schreiben und verstehen.

Alle Blätter sind in den Kopfzeilen entsprechend ihrer Einsatzmöglichkeit oder ihres Schwierigkeitsgrades gekennzeichnet: (i) für die Merkblätter, für die leichten Arbeitsblätter, für die schwereren.

Die Aufgaben auf jedem Arbeitsblatt wurden nach dem Prinzip **„vom Leichten zum Schweren"** erstellt. So können sowohl schnellere als auch langsamere Schüler adäquat und effektiv gefördert werden. Im Sinne eines produktiven Übens fördern die Materialien das automatisierende Üben (Fertigkeiten einüben), das operative Üben (Zusammenhänge erkennen), das problemorientierte Üben (Problemlösestrategien entwickeln) und das anwendungsorientierte Üben (Bezug zur Lebenspraxis).

Das entsprechende Merkblatt kann als Folie (zur gemeinsamen Besprechung im Unterricht) oder als Kopiervorlage verwendet werden. Neben einer kurzen Zusammenfassung der wesentlichen Inhalte finden Sie hier z.B. Definitionen und wichtige Merkregeln.

Alle Aufgaben aus dem Buch sowie die vollständigen Lösungen finden Sie in veränderbarer Form auf der beiliegenden **CD-ROM**, d.h. Sie können alle Aufgaben noch einmal individuell auf Ihre jeweilige Lerngruppe zuschneiden, nach Belieben Aufgaben weglassen oder ergänzen usw.

Zur Diagnose und Lernstandsüberprüfung empfehlen wir Ihnen die Bände **„Auer Führerscheine Deutsch Klasse 5"** (Bestell-Nr. 06720) und **„Klassenarbeiten Deutsch 5"** (Bestell-Nr. 06722). Beide Unterrichtshilfen sind nach demselben Inhaltsverzeichnis wie der vorliegende Band konzipiert. Sie können also mit dem kompletten Programm „Auer Führerscheine Deutsch", „Deutsch üben" und „Klassenarbeiten Deutsch" schnell und einfach die Kompetenzen Ihrer Schüler diagnostizieren, entsprechende Materialien zum Üben anbieten und in einer Klassenarbeit abfragen.

Die drei Bände eignen sich somit hervorragend, um einen entsprechenden Förderplan mit genauer Angabe der Stärken und Defizite sowie der Fördermöglichkeiten zu erstellen und ggf. auch an die Eltern weiterzureichen.

Viel Erfolg bei der Arbeit mit den Materialien!

---

[1] Wenn in diesem Buch von Schüler gesprochen wird, ist immer auch die Schülerin gemeint. Ebenso verhält es sich mit Lehrer und Lehrerin.

Nomen und Artikel

Als Nomen (Substantive/Hauptwörter) bezeichnest du:

- Personen (Verkäuferin, Schwester)
- Eigennamen (Klara, Ben)
- andere Lebewesen (Pflanzen, Hund)
- Gegenstände (Schreibtisch, Haus)

Nomen schreibst du **immer groß**.

Nomen können **typische Endungen** haben, wie z.B.:

-heit, -keit, -nis, -schaft, -tum, -ung

Die Artikelprobe

Nomen erkennst du an ihrem **Artikel (Begleiter)**. Es gibt **bestimmte** Artikel **(der, die, das)** und **unbestimmte (ein, eine, ein)**.

Wenn du vor ein Wort einen Artikel stellen kannst, dann handelt es sich um ein Nomen:

die *Biene* – **ein** *Fest* – **das** *Lesebuch* – **eine** *Schaukel*

Der Artikel zeigt dir auch an, welches **grammatische Geschlecht (Genus)** das Nomen hat.

der Tisch (männlich = maskulinum)
die Lampe (weiblich = femininum)
das Fahrrad (sächlich = neutrum)

Wortarten bestimmen

Nomen und Artikel

Der Numerus: Singular (Einzahl) und Plural (Mehrzahl)

Nomen gibt es im Singular und im Plural.

*der Bär – die Bären – die Tasche –
die Taschen – das Fahrrad – die Fahrräder*

Achtung: Der **unbestimmte Artikel** kann **keinen Plural** bilden!

eine Katze   **falsch:**   *eine Katzen*
           richtig: *die Katzen*

Beim Plural gibt es **unterschiedliche Formen**:

- Manche Nomen sind im Singular und Plural gleich.
  der Spiegel – die Spiegel   der Flügel – die Flügel

- Manche Nomen bekommen eine Endung.
  *die Geige – die Geige**n**   der Mensch – die Mensch**en***

- Bei manchen Nomen wandelt sich der Vokal (Selbstlaut) in einen Umlaut um.
  *die Maus – die M**äu**se   das Dach – die D**ä**cher*

- Einige Nomen haben nur einen Singular oder nur einen Plural.
  die Beute, der Regen, …   (nur im Singular)
  die Ferien, die Eltern, …   (nur im Plural)

Die Deklination von Nomen

In einem Satz kann jedes Nomen in unterschiedlichen **Kasus (Fällen)** gebraucht werden. Das heißt, du **deklinierst (veränderst/beugst)** das Nomen. Bei der Deklination unterscheidest du **vier Fälle**, die du mit folgenden Fragen bestimmen kannst:

1. Fall (**Nominativ**): Wer oder Was … ? **Wer oder Was** *lebt in diesem Gehege?*
   Der Tiger *lebt in diesem Gehege.*

2. Fall (**Genitiv**): Wessen … ? **Wessen** *Futter ist es?*
   Das Futter **des Tigers** *ist es.*

3. Fall (**Dativ**): Wem oder Was … ? **Wem oder Was** *geht es seit heute nicht gut?*
   Dem Tiger *geht es seit heute nicht gut.*

4. Fall (**Akkusativ**): Wen oder Was … ? **Wen oder Was** *verkauft der Zoo?*
   Den Tiger *verkauft der Zoo.*

Merke:
Artikel (Begleiter) und Endung des Nomens zeigen Kasus (Fall), Genus (grammatisches Geschlecht) und Numerus (Singular/Plural) an.

Wortarten bestimmen

Nomen und Artikel

1. a. Kreise alle Nomen ein.

   gehen frisch tante schultüte springen tanzen neu freundschaft tasse
   lesen vase stuhl klug eine bösartig trinken klasse niedrig essbar wände
   nett gans kriechen salzig hefte retten pferde drehen schreiben bäume haare

   b. Ordne im Heft zu, welche Nomen im Singular stehen und welche im Plural.

2. a. Schreibe die Nomen mit ihrem bestimmten und unbestimmten Artikel in dein Heft.

   a) Radiergummi   b) Schuh   c) Mathebuch   d) Zeichnung
   e) Brötchen   f) Sonnenblume   g) Zeugnis   h) Krankheit

   b. Vervollständige die Tabelle, indem du den bestimmten und unbestimmten Artikel einsetzt und den Plural mit bestimmtem Artikel bildest.

Singular		Plural
/	Segelboot	
/	Regenwurm	
/	Lehrer	
/	Fußball	
/	Lesebuch	

3. Finde zu den Nomen den Plural. Welche Nomen werden nur im Singular verwendet?

   a) Vater   b) Kirsche   c) Tuch   d) Zahn
   e) Bank   f) Regenschirm   g) Eis   h) Kind
   i) Schrank   j) Fieber

4. Dekliniere die Nomen im Singular und Plural, indem du die Tabelle vervollständigst.

Kasus	Singular	Plural
Nominativ	die Maus	
Genitiv	der Maus	der Mäuse
Dativ		den Mäusen
Akkusativ		die Mäuse
Nominativ		die Klassen
Genitiv	der Klasse	der Klassen
Dativ	der Klasse	
Akkusativ	die Klasse	
Nominativ		die Pferde
Genitiv		der Pferde
Dativ	dem Pferd	
Akkusativ		die Pferde

Wortarten bestimmen

Nomen und Artikel

1. **a. Unterstreiche in den folgenden Sätzen die Nomen blau.**

   a) DIE MÄDCHEN BESIEGTEN DIE JUNGEN.

   b) VIELE KINDER UND ERWACHSENE LEIHEN SICH HIER BÜCHER AUS.

   c) WÄHREND DIE AFFEN SCHON MUNTER AN IHREN SEILEN HIN UND HER SCHWINGEN, LIEGT DER LÖWE NOCH FAUL IN SEINEM KÄFIG HERUM.

   d) DIE LETZTEN ZWEI TAGE HAT DIE SCHÜLERIN KAUM GESCHLAFEN, WEIL SIE VOR IHRER ERSTEN ARBEIT AUFGEREGT WAR.

   e) NUN WARTETEN DIE GÄSTE STRAHLEND MIT IHREN GESCHENKEN VOR DER TÜR.

   b. Ordne die gefundenen Nomen einem Begriff zu (Lebewesen, Gegenstände) und schreibe sie im Singular und Plural in dein Heft. Aufgepasst: Ein Wort bleibt nur im Singular und Plural gleich!

2. **Vervollständige die Tabelle. In der Spalte, in der es nicht möglich ist, das Nomen zu verändern, machst du ein Kreuz.**

Nomen	Singular bestimmter Artikel	Singular unbestimmter Artikel	Plural bestimmter Artikel
Hahn			
Blume			
Würfel			
Ball			
Ärger			

3. **Dekliniere die Nomen im Singular und Plural mit ihrem bestimmten Artikel.**

Kasus	Singular	Plural
Nominativ	der Tiger	
Genitiv		
Dativ		
Akkusativ		
Nominativ		die Autos
Genitiv		
Dativ		
Akkusativ		

Wortarten bestimmen

Pronomen

Pronomen (Fürwörter)

Pronomen können für Nomen stehen, sie vertreten. Sie sind die **Stellvertreter der Nomen**.

Marie liegt auf dem Sofa und liest ein Buch.
Sie *liegt auf dem Sofa und liest ein Buch.*

Das Handy wird über Nacht aufgeladen.
Es *wird über Nacht aufgeladen.*

Pronomen können die **Nomen** auch **begleiten**, sie genauer bestimmen.

Thomas spielt mit einem Fußball im Garten.
*Thomas spielt mit **seinem** Fußball im Garten.*

Das Personalpronomen

Das Personalpronomen (persönliches Fürwort) steht als **Stellvertreter für Personen, Lebewesen, Dinge** u.a.:

Singular:
1. Person: *ich*   (mir, mich)
2. Person: *du*   (dir, dich)
3. Person: *er/sie/es*   (ihm, ihn, ihr, ihm)

Plural:
1. Person: *wir*   (uns)
2. Person: *ihr*   (euch)
3. Person: *sie*   (ihnen)

Das jeweilige **Reflexivpronomen** (rückbezügliches Fürwort) steht in der Klammer dahinter.

Das Possessivpronomen

Mit einem Possessivpronomen (besitzanzeigendes Fürwort) drückst du eine **Zugehörigkeit** oder ein **Besitzverhältnis** aus:

mein *Rucksack* (Besitzverhältnis) — **dein** *Rucksack* (Zugehörigkeit)

Singular:
1. Person: *mein*
2. Person: *dein*
3. Person: *sein/ihr/sein*

Plural:
1. Person: *unser*
2. Person: *euer*
3. Person: *ihr*

Anredepronomen

Personal- und Possessivpronomen schreibst du immer klein. Eine Ausnahme ist die Höflichkeitsanrede. **Bei der Höflichkeitsanrede** (Ansprechen fremder Personen) **werden Sie, Ihnen, Ihre, Ihr … immer großgeschrieben**.

*Ich bitte **Sie** um **Ihre** Mithilfe. — Schließen **Sie** bitte das Fenster!*

Aber bei der **vertraulichen Anrede** (Freund, Bekannte, Eltern, …) werden Personal- und Possessivpronomen **kleingeschrieben**.

*Wo seid **ihr** gewesen? — Könntest **du deinen** Vater um Rat fragen.*

Pronomen

1. Unterstreiche das richtige Personal- oder Possessivpronomen.

Die 12-jährige Marlene feiert am Samstag seinen/ihren Geburtstag. Er/Sie freut sich schon auf ihre/seine Geschenke und die leckeren Kuchen von seiner/ihrer Mutter. Gleich bekommt Marlene Besuch von seinen/ihren besten Freundinnen Isabelle und Nadine.

Und schon klingeln auch ihre/seine beiden erwarteten Mädels an der Tür. Nadine fragt noch auf der Türschwelle: „Wo ist denn deine/meine Mutter?" Marlene möchte wissen, warum ihre/seine Freundin das wissen möchte. Leider schweigt Nadine ihr/ihm gegenüber wie ein Grab. Wahrscheinlich hat sie/er eine Überraschung geplant. „Deine/Meine Mutter ist in ihrer/seiner Küche und bereitet gerade das Abendessen vor." „Das klingt gut!", meint Nadine und geht in die Küche. Isabelle und Marlene setzen sich für einen Moment auf die bequeme Wohnzimmercouch. Dann ruft es auch schon aus der Küche: „Kommt mal schnell her!" Erschrocken, aber auch gespannt, stürzen die beiden Mädchen in die Küche. „Oh, wie süß", sagt Marlene begeistert, „das ist also eure/ihre Überraschung für meinen/deinen Geburtstag!" Nadine und Isabelle erklären ihrer/seiner Freundin: „Du wolltest doch schon immer einen Hund haben. Jetzt hast du ihn/sie endlich bekommen." „So, und nun gibt es für euch/sie alle Waffeln mit Vanilleeis. Und unser neuer Mitbewohner bekommt seinen/ihren gekauften Hundekuchen." „Du hast also davon gewusst, Mutti!", stellt Marlene erstaunt fest. „Natürlich, sonst hätten mich deine/seine Freundinnen auch überrascht." „Mutti, du bist einfach spitze!", sagt Marlene überglücklich.

2. Setze ein passendes Personalpronomen ein. Manchmal gibt es mehrere Möglichkeiten.

a) _____ singen   b) _____ tanzt   c) _____ flüsterst

d) _____ laufe   e) _____ tobt   f) _____ sagen

g) _____ wissen   h) _____ regnet i) _____ isst

Pronomen

3. Unterstreiche die Personalpronomen und ergänze die entsprechenden Possessiv- und Reflexivpronomen.

a) Ich habe _____ gestern _____ ersten Weisheitszahn ziehen lassen.

b) Wir erzählen _____ immer gegenseitig _____ Geheimnisse.

c) Erst erledigst du _____ Hausaufgaben, dann darfst du draußen spielen gehen.

d) Sie kämmt _____ _____ langen braunen Haare mit einer speziellen Bürste.

e) Ein Hermelin wechselt im Winter _____ Fellfarbe.

f) Die Katze hat _____ bei dieser Hitze auf _____ Decke unter das Bett gelegt.

g) Wollt ihr _____ nicht von den Nachbarn verabschieden?

4. Setze die fehlenden Anredepronomen ein.

Sehr geehrte Frau Heinmann,

vielen Dank, dass _____ meine Katze Bella für eine Woche in _____ Tierpension

aufnehmen. Da wir meine kranke Tante im Krankenhaus besuchen und uns um meinen Onkel

kümmern müssen, kann Bella nicht mit. Außerdem hat Onkel Lutz eine Katzenhaarallergie.

5   Damit Bella in dieser Zeit aber versorgt wird, habe ich _____ angerufen.

_____ Adresse und Telefonnummer habe ich von meiner Freundin Melanie bekommen, die

in den Schulferien ihren Mops Ringo bei _____ abgibt, wenn sie mit ihrer Familie verreist.

Sie war mit _____ Arbeit immer sehr zufrieden.

Für Nachfragen und in Notfällen habe ich _____ die Adresse meines Onkels

10 aufgeschrieben. Ich denke aber, dass Bella _____ keine Schwierigkeiten machen wird.

Mit freundlichen Grüßen

_____ Frederike Hahn

Wortarten bestimmen

Pronomen

1. Unterstreiche die Personalpronomen orange und alle Possessivpronomen grün.

Julian hat am Abend seinen großen Auftritt in der Musikschule. Auch freut er sich darauf, endlich seinen schicken Anzug, den die Schneiderin seiner Mutter extra genäht hat, zu tragen. Gleich bekommt er noch Besuch von seinem Klavierlehrer Herrn Bolton. Sie wollen sich kurz einspielen. Dazu hat Herr Bolton seine Geige mitgebracht. Er begleitet Julians Klaviermusik mit
5 passenden Streicherklängen. Auch Herr Bolton trägt zu diesem feierlichen Anlass seinen Frack mit Fliege.

Bevor sie gemeinsam loslegen, spielt Julian seine ausgewählten Stücke alleine vor. Er spielt fehlerfrei. Nicht nur sein Lehrer Herr Bolton ist begeistert, auch seine Mutter und seine kleine Schwester Sophia. Begeistert klatschen sie Beifall. Julians Mutter fügt noch hinzu: „Warte nur
10 ab, auch die Zuhörer werden deine Musik lieben!"

2. Ersetze die kursiv gedruckten Wörter durch Pronomen und schreibe den Text in dein Heft ab.

Unser Fußballtrainer Heinz ist toll. *Der* kann und weiß alles. Zum Glück ist *der* gleichzeitig auch unser bester Freund, weil *der* für alle unsere Probleme immer ein offenes Ohr hat.

Mit *dem* kann *man* über alles reden. Neulich gab es im Training kleine Streitigkeiten.

Björn und *dessen* Mannschaftskollegen Tim und Valentin spielten nicht den Ball ab, sondern
5 versuchten, im Alleingang die Tore zu schießen. Unser Trainer hatte sich eine kleine Strafe für die Jungs überlegt. *Die* sollten für das bevorstehende Turnier am Wochenende den Auf- und Abbau organisieren. Somit müssten *die* auch früher aufstehen und dürften erst später nach Hause gehen. Im nächsten Training würden *die* sich nicht mehr so verhalten. Valentin wird die Strafe besonders treffen. *Der* ist am Wochenende nämlich ein Langschläfer. Björn und Tim
10 dagegen ärgern sich bestimmt über das Aufräumen. Wenn es nämlich darum geht, Dinge zu reinigen oder abzubauen, dann sind *die* immer schnell verschwunden oder haben eine wichtige Verabredung.

Pronomen

3. Setze die fehlenden Pronomen ein und entscheide, ob es sich um ein Personalpronomen (Pers.) oder ein Possessivpronomen (Poss.) handelt.

Wenn zwei sich streiten, freut sich der Dritte!

Zwei Kinder liefen über eine Wiese am Waldrand. Dort fanden _____ (_____) einen Waldbeerenstrauch, an dem erst eine rote Beere hing. Beide waren hungrig, und so stritten _____ (_____) sich gierig um _____ (_____) Fund. „Das ist _____ (_____) Beere", behauptete das eine Kind. „Das ist nicht _____ (_____) Waldbeere, sondern _____
5 (_____)", entgegnete das andere.

Da kam ein Jäger aus dem Wald, hörte den beiden Streithähnen zu und fragte _____ (_____):„_____ (_____) Freunde! Wem gehört denn nun die schöne Waldbeere?" „Das ist _____ (_____) Beere!", riefen beide gleichzeitig. Der Jäger überlegte kurz und sagte dann: „Da es nicht _____ (_____) Waldbeere ist, ist es _____ (_____)." _____ (_____)
10 pflückte _____ (_____) ab und verschwand.

Die beiden Kinder schauten sich an. Dann meinte das eine Kind zum anderen: „_____ (_____) hätten sagen sollen, das _____ (_____) _____ (_____) ist."

4. Trage die passenden Anrede- und Personalpronomen ein.

Sehr geehrte Frau Sichermann,

als _____ am Samstagnachmittag bei uns waren, um die Hagelversicherung abzuschließen, haben _____ _____ Handy vergessen. _____ habe _____ aber erst heute Morgen entdeckt, als _____ die Blumen im Wintergarten gießen wollte und _____ auf dem Glastisch liegen sah.
5 Wahrscheinlich haben _____ noch ein weiteres Handy oder _____ haben seit gestern nicht mehr telefonieren müssen. Damit _____ nicht unnötig danach suchen, haben _____ beschlossen, _____ schnell mit einer E-Mail zu informieren.

Es grüßt _____ herzlich Familie Berger

Verben

Verben (Zeitwörter, Tätigkeitswörter)

Verben werden am häufigsten gebraucht. Du bezeichnest mit ihnen **Handlungen**, **Vorgänge** oder **Zustände**.

sägen (Handlungsverb)
einschlafen (Vorgangsverb)
wohnen (Zustandsverb)

Jedes Verb hat eine **Grundform** (**Infinitiv**), das heißt, das Verb wurde noch nicht verändert.
Der **Infinitiv** setzt sich aus dem **Wortstamm** und einer **bestimmten Endung** zusammen.
Viele Verben enden auf **-en** oder **-n** und nur wenige auf **-rn** oder **-ln**.

*üb**en** – se**in** – kletter**n** – samme**ln***

Gebrauchst du Verben in Sätzen oder Texten, dann musst du sie verändern. Du **konjugierst** sie. Die konjugierte Form des Verbs bezeichnest du als Personalform.
Verben konjugierst du nach der **Person** (1./2./3. Person) und nach dem **Numerus**/der **Anzahl** (Singular/Plural).

*ich üb**e*** (1. Person Singular)
*du üb**st*** (2. Person Singular)
*wir üb**en*** (1. Person Plural)

Verben werden **in der Regel kleingeschrieben**.

Der Imperativ

Du verwendest Verben auch, um **Befehle** zu geben oder **Aufforderungen** zu machen.

Der **Imperativ Singular** wird durch den **Stamm des Verbs** gebildet. Meistens wird auch die **Endung -e** angehängt. Alltagssprachlich fällt diese Endung aber häufig weg.

sagen (Infinitiv) – *sag-* (Stamm des Verbs) –
Sag doch etwas! (Imperativ)

Der **Imperativ Plural** wird auch mit dem **Stamm des Verbs** gebildet. Ihm wird die **Endung -t** angehängt.

schreien (Infinitiv) – *schrei-* (Stamm des Verbs) –
Schreit ganz laut! (Imperativ)

Verben

Verbarten

Vollverben können im Satz alleine die Satzaussage (das Prädikat) bilden.

*Das Pferd **springt** über das erste Hindernis.*

Du unterscheidest bei den Vollverben:

- **Starke Verben (unregelmäßige)** verändern ihren Stammvokal, wenn sie in die Vergangenheit umgewandelt werden.

   *bef**e**hlen – (ich) bef**a**hl – (ich habe) bef**o**hlen*

- **Schwache Verben (regelmäßige)** verändern ihren Stammvokal **nicht**, wenn sie in die Vergangenheit gesetzt werden.

   *fr**a**gen – (ich) fr**a**gte – (ich habe) gefr**a**gt*

- **Unregelmäßige Verben mit gemischter Konjugation** enthalten die Merkmale von starken und schwachen Verben.

   *fl**ie**gen – (ich) fl**o**g – (ich bin) gefl**o**gen*

Hilfsverben wie **sein, haben, werden** brauchen ein Vollverb oder andere Wörter für eine vollständige Satzaussage.
Du brauchst Hilfsverben bei der **Bildung der zusammengesetzten Zeiten** (Perfekt, Plusquamperfekt, Futur).

*Ich **habe** die Zeitung schon **gelesen**.*
*Morgen **werde** ich mein Meerschweinchen **bekommen**.*

Aufgepasst: Die Wörter **sein, haben** und **werden** können **auch als Vollverb auftreten.**

*Ich **habe** Bauchschmerzen.*
*Mia **ist** älter als Peter.*

Modalverben geben nähere Auskunft über die Art und Weise einer Handlung oder eines Geschehens. Zu den Modalverben gehören:

wollen, mögen, müssen, können, sollen, dürfen

*Er **muss** die Vokabeln mehrmals **üben**.* (Pflicht, Notwendigkeit)

*Steffi **soll** ihrer kleinen Schwester beim Anziehen **helfen**.* (Verpflichtung)

Verben

1. Finde zu den Personalformen den Infinitiv.

a) sie isst _____

b) er paddelt _____

c) du sprichst _____

d) sie sind _____

e) ich laufe _____

f) er winkt _____

g) du nimmst _____

h) ihr schreit _____

i) du kaufst _____

j) es fängt _____

2. Konjugiere die beiden Verben.

	lesen	sein
1. Pers. Sg.		
2. Pers. Sg.		
3. Pers. Sg.		
1. Pers. Pl.		
2. Pers. Pl.		
3. Pers. Pl.		

3. Setze die sechs Verben in die gegebene Personalform.

a) fangen: _____ (1. Person Singular)

b) kochen: _____ (2. Person Plural)

c) schreiben: _____ (3. Person Singular maskulin)

d) fragen: _____ (3. Person Plural)

e) gehen: _____ (3. Person Singular feminin)

Wortarten bestimmen

Verben

4. Setze die Verben aus dem Kasten in die passende Lücke ein. Konjugiere sie entsprechend.

| leben   nähen   schlafen   erfinden   bemerken   zeigen   regnen   fallen |

a) Meine Großmutter _____ immer spannende Geschichten für meinen Bruder und mich.

b) Dieser pralle Apfel _____ bestimmt bald vom Baum.

c) Unser Erdkundelehrer _____ uns, wo Venezuela liegt.

d) Viele Diebstahlopfer _____ nicht, dass ihnen das Geld gestohlen wurde.

e) Die Familie Westhagen _____ seit fast zehn Jahren auf einem Bauernhof im Münsterland.

f) Ein Igel _____ den ganzen Winter über.

g) Für meine gesammelten Puppen_____ ich meine Kleider selbst.

h) Nun _____ es schon seit über zwei Wochen.

5. Unterstreiche in den Sätzen alle Vollverben rot, alle Hilfsverben orange und alle Modalverben gelb.

a) Der Fluggast hatte während der gesamten Flugzeit geschlafen.

b) Könnten Sie mir die Wurst in ganz dünne Scheiben schneiden?

c) Eine Maskenbildnerin schminkte die Schauspieler.

d) Die alte Villa in der Kastanienallee wird renoviert.

e) Auf der Koppel stehen seit letzter Woche fünf Pferde.

f) Während dem Opernbesuch darf sich kein Zuschauer unterhalten.

g) Die Patientin sollte in den nächsten Tagen aufstehen.

Verben

1. a. Bilde zu den angegebenen Verben die Imperative.

a) rennen: _____ (Singular) _____ (Plural)

b) kaufen: _____ (Singular) _____ (Plural)

c) fragen: _____ (Singular) _____ (Plural)

b. Vervollständige die Tabelle mit den fehlenden Angaben.

Infinitiv	Imperativ (Singular)	Imperativ (Plural)
		Lacht!
		Sprecht!
	Schweige!	
	Lies!	
schreiben		

2. a. Bilde und bestimme die Personalformen.

	Personalform bestimmen		Personalform bilden
a)	1. Pers. Plural	gehen	
b)			ich fliege
c)	3. Pers. Singular feminin	waschen	
d)			es regnet
e)	2. Pers. Singular	hören	
f)			ihr tanzt
g)	3. Pers. Singular maskulin	weinen	
h)			sie rennen
i)	2. Pers. Plural	schwimmen	

b. Konjugiere die zwei Verben durch alle Personalformen.

`haben:`

Singular: _____

Plural: _____

`lernen:`

Singular: _____

Plural: _____

Wortarten bestimmen

Verben

3. Setze die Verben in den Klammern in der richtigen Personalform ein.

Während des Unterrichts _____ (beobachten) Christina gerne andere Mitschüler.

Antonia _____ (malen) oft in ihrem Heft, wenn Stefan wieder an der Tafel _____ (stehen) und für alle eine schwierige Aufgabe _____ (lösen).

Hanna und Carolin _____ (schreiben) sich Botschaften auf kleine Zettelchen und der schüchterne Patrick _____ (bohren) in der Nase. Ach, und nicht zu vergessen Michi. Der _____ (schaukeln) wild mit dem Stuhl. Selbst ich _____ (beschäftigen) mich lieber mit anderen Dingen. Manchmal _____ (träumen) ich oder _____ (fragen) mich, was mir meine Mutter zum Mittagessen _____ (kochen). Im Unterricht _____ (entstehen) manchmal schon Langeweile!

4. a. Bestimme die unterstrichenen Verben. Sind sie Modalverben (Mv), Hilfsverben (Hv) oder Vollverben (Vv)?

a) Ihr <u>müsst</u> jeden Tag die Gemüsebeete gießen. (_____)

b) Die Schweine <u>werden</u> an eine Metzgerei verkauft. (_____)

c) Du <u>sollst</u> schweigen wie ein Grab! (_____)

d) Karl <u>hatte</u> von einem riesigen Lottogewinn geträumt. (_____)

e) Sabine <u>telefoniert</u> schon zwei Stunden mit ihrer Freundin. (_____)

b. Denke dir zu jeder Verbart (Modalverb, Hilfsverb, Vollverb) je drei eigene Sätze aus und schreibe sie in dein Heft.

Adjektive

Adjektive (Eigenschaftswörter)

Mit Adjektiven benennst du **Eigenschaften von Gegenständen, Personen** oder **Geschehnissen/Handlungen**. Du verwendest sie auch, um Merkmale zu beschreiben und Bewertungen vorzunehmen.

der *runde* Teppich (Eigenschaft/Merkmal) – die *dicke* Katze (Bewertung)

Adjektive werden **kleingeschrieben** und stehen häufig zwischen einem Artikel und einem Nomen. Sie sind in derselben Weise wie Nomen **veränderbar**. Adjektive richten sich in Genus, Numerus und Kasus nach dem Nomen, auf das sie sich beziehen.

die *rot*en Rosen – das *leer*e Haus – ein *steil*er Berg – ein *klug*es Tier

Du erkennst Adjektive auch an **typischen Endungen**:

-ig, -lich, -bar, -haft, -los, -sam

*traur***ig** – *glück***lich** – *brauch***bar** – *zwang***haft** – *lieb***los** – *ein***sam**

Komparation (Steigerung)

Die meisten Adjektive können **Vergleichsstufen (Steigerung/Komparation) bilden.** Es gibt **drei Vergleichs-/Steigerungsstufen**:

Positiv (Grundstufe) ⇨ **Komparativ** (Vergleichsstufe) ⇨ **Superlativ** (Höchststufe)

groß größer am größten

Bei der **regelmäßigen Steigerung** wird der Komparativ durch die angehängte Endung **-er** gebildet, der Superlativ erhält die Endung **-(e)st**.

zart zart**er** am zart**esten**

Es gibt auch **unregelmäßige Steigerungsformen** wie:

viel mehr am meisten

Adjektive, die sich **nicht sinnvoll steigern** lassen, sind z.B.:

nackt, stumm, tot, leer, lebendig, rund, eckig, …

Vergleichst du Eigenschaften miteinander, dann verwendest du beim **Positiv** ein „**wie**" und beim **Komparativ** ein „**als**".

Ich bin so **groß** <u>wie</u> mein Vater.   Du bist still**er** <u>als</u> deine Mitschüler.

Wortarten bestimmen

Adjektive

1. a. Schreibe aus der Wörterschlange alle Adjektive heraus.

   schnelljungschwerhochtraurigwarmblindfeininteressant

   b. Ergänze die gefundenen Adjektive in der Tabelle und steigere alle.

Positiv	Komparativ	Superlativ
	netter	
kalt		
	besser	
		am lustigsten

2. Stelle Vergleiche an. Trage *wie* oder *als* in die Lücken ein.

   a) Ein Bär ist stärker _____ ein Mensch.

   b) Das blinkende Spielzeug ist für meinen Sohn momentan interessanter _____ ich.

   c) Mein Bruder ist genauso groß _____ der Pfosten unseres Gartenzauns.

   d) Sina konnte die Aufgabe so gut _____ der beste Matheschüler der Klasse lösen.

   e) Janina und Lisa sind viel netter _____ Lina und Viktoria.

   f) Die alte Eiche ist schon so alt _____ unser Bauernhaus.

   g) Jungs sind manchmal schmerzempfindlicher _____ Mädchen.

Adjektive

3. a. Setze die Adjektive vor das passende Nomen und gleiche es ihm an.

| grau   lecker   sauer   reich   billig   erfolgreich   staubig   verheiratet |

a) der _____ König
b) die _____ Zitronen
c) das _____ Paar
d) der _____ Teppich
e) der _____ Schuh
f) das _____ Schuljahr
g) die _____ Elefanten
h) die _____ Nachspeise

b. Schreibe mit den Wörtern je einen sinnvollen Satz in dein Heft (acht Sätze). Unterstreiche die Adjektive grün.

4. Unterstreiche im folgenden Text alle Adjektive und schreibe sie mit dem dazugehörigen Nomen heraus.

Meine allerliebste Tante Brigitte tut mir wirklich leid. Am Sonntag ist ihr treuer Kater Kasimir weggelaufen. Überall im Garten hat sie schon nach dem grauen Tierchen gesucht. Zwischen den hohen und niedrigen Pflanztöpfen, im bunten Tulpenbeet, unter den stacheligen Rosenbüschen und im quadratischen Gemüsefeld. Doch Kasimir, der eigentlich ein scheuer und sehr fauler
5 Kater ist, kehrte bis heute nicht von seinem kleinen Ausflug ins Freie zurück. Tante Brigitte hat deswegen bei der örtlichen Polizei angerufen und die Zeitung informiert. Außerdem ist sie mit ihrem ebenfalls tierlieben Mann Georg durch die menschengefüllte Fußgängerzone gelaufen und hat große Flugzettel verteilt.
Hoffentlich findet jemand den kuscheligen Mitbewohner.

_____
_____
_____
_____
_____
_____
_____
_____
_____

Wortarten bestimmen

Adjektive

1. a. Kreise alle Adjektive ein, die du im Kasten findest.

arbeiten	witzig	viel	wind	trüb	fein	lesen	riechen
höhe	tanzen	holz	laufen	puppe	ringe	total	spielen	sehen
glocke	streng	fön	klingeln	herz	maler	danken	grob
moos	eilen	reise	ecke	frische	bilder	leer	greifen	wild

b. Benenne die Tabelle und steigere die Adjektive.

2. Suche ein passendes Adjektiv und bilde einen Vergleich mit *als* oder *wie*.

rund	dünn	stumm	tief	leicht

a) Regenwürmer sind _____ ____ Aale.

b) Ihr Babybauch ist so _____ ____ ein Fußball.

c) Heute ist der Schüler _____ ____ ein Fisch.

d) Die Frau singt _____ ____ mein Vater.

e) Mathe fällt mir _____ ____ Deutsch.

Wortarten bestimmen

Adjektive

3. a. Gleiche die Adjektive in den Klammern den Nomen an und schreibe den Text in dein Heft.

Junge Köche

Marc, Florian und Kevin haben alle Zutaten eingekauft und auf dem ___ (groß) Küchentisch platziert. Florian nimmt zunächst eine ____ (rechteckig) Form und fettet sie mit Öl ein. Marc putzt das ___(frisch) Gemüse. Die Tomaten werden von Kevin in ___(rund) und ___(gleichmäßig) Scheiben geschnitten. Florian macht sich nun an das Säubern der ___

5 (braun) Champignons. Zugleich gibt Marc die Nudeln in das ____ (heiß) Wasser. Danach würfelt er das _____(mager) Fleisch in _____(klein) Stücke und brät es in der _____(neu) Bratpfanne an.

Die ____(bissfest) Nudeln werden abgeschreckt und mit den ___(gewürfelt) Pilzen und den Tomaten gemischt. _____ (frisch) Kräuter aus dem Garten kommen mit dem Fleisch hinzu.

10 Bevor alles in die Form gefüllt wird, testen die _____ (hungrig) Jungs die _____(bunt) Masse. Nach der Geschmacksprobe kommt noch _____(würzig) Käse oben drauf. Wenn diese _____(schmackhaft) Haube eine_____(goldgelb) Kruste bildet, dann kann der Auflauf verzehrt werden.

Marc, Kevin und Florian sind gespannt, ob sich das _____(fleißig) Putzen und Schneiden

15 gelohnt hat.

b. Unterstreiche die Adjektive mit ihrem Nomen im Text.

4. Ein Adjektiv passt immer zu einem Nomen. Umkreise das Paar in der gleichen Farbe. Schreibe mit jeder Verbindung einen sinnvollen Satz in dein Heft.

grauhaarig	scheu	Erde	Stimme
leise	Begegnung	Maulwurf	heiß	Reh
Zuckerwatte	matschig	saftig	Straße	blind
Dame	süß	Topf	dunkel	unheimlich	Pfirsich

Präsens

Das Präsens

Verben in der Form des **Präsens** können Unterschiedliches ausdrücken. In den meisten Sätzen steht das Präsens für die **Gegenwart**, in einigen für die **Zukunft** und in manchen drückt es die **Zeitlosigkeit** aus.

Die Gegenwartsform

Das Präsens drückt hier aus, was gerade jetzt geschieht.

*Sie **spielt** gerade im Garten mit dem Fußball.*

Die Zukunftsform

Hier drückt das Präsens aus, was in der Zukunft passiert.

*Morgen **spielt** sie im Garten mit ihrem Hund.*

Die Form des Zeitlosen

Das Präsens beschreibt etwas dauernd Wiederkehrendes, d.h. etwas, was immer so ist.

*Jeden Tag **spielt** sie im Garten.*

Präsens

1. Fülle die Lücken mit der Präsensform der Verben aus und schreibe in dein Heft:

a) Das Kind (spielen) _____ im Garten.

b) Der Lehrer (schreiben) _____ an die Tafel.

c) Zu Hause (geben) _____ es Spaghetti zum Mittagessen.

d) Meine Mutter (machen) _____ mit mir die Hausaufgaben.

e) Ein kleiner Vogel (picken) _____ Körner von der Fensterbank auf.

f) Alle Hunde sollten eine Hundeschule (besuchen) _____.

g) Der Deutschunterricht (machen) _____ mir in der Schule am meisten Spaß.

h) Meine Oma (erzählen) _____ mir alte Geschichten von Früher.

2. Trage die verschiedenen Präsensformen (Gegenwart, Zukunft, Zeitlosigkeit) in die Lücken hinter den Sätzen ein. Schreibe dann die konjugierten Verben im Präsens in dein Heft.

a) Morgen will ich pünktlich zur Schule kommen. (_____)

b) Jeden Tag muss ich Hausaufgaben machen. (_____)

c) Gerade dreht er sich zu mir um und lächelt mich an. (_____)

d) In den Sommerferien fährt er immer zu seiner Tante nach Frankreich.
   (_____)

e) Jetzt klingelt gerade das Telefon. (_____)

f) Aus der Raupe wird vielleicht schon bald ein schöner Schmetterling.
   (_____)

3. Ergänze alle Präsensformen zu den Verben und trage sie in die Tabelle ein.

Grundform/ Person	spielen	essen	helfen	braten
ich		esse		
du				
er/sie/es			hilft	
wir				
ihr	spielt			
sie				braten

Zeitformen

Präsens

1. Lies den folgenden Text aufmerksam durch.

Ein spannendes Duell!

„Liebe Hörerinnen und Hörer des Senders „Sport 1", ich berichte wieder live aus dem Stadion „Am Hexenkessel". Es stehen sich heute die Mannschaften „Die Roten Löwen" und die „Blauen Bären" gegenüber. Das Spiel verläuft noch ruhig. Der Kapitän der Löwen wirft den Ball zu seinem Mitspieler ein. Dieser dribbelt seinen Abwehrspieler aus. Er ist ein großartiger Dribbler.
5   In jedem Spiel schießt er ein Tor. Vielleicht auch heute wieder?

Doch da verliert er den Ball und die Nummer 10 der Bären nutzt diese Chance. Der blaue Stürmer rennt los, führt den Ball eng am Körper und dringt in den gegnerischen Strafraum ein. Er befindet sich auf der Mittelposition und schießt ... doch der Torwart der roten Löwen pariert den Schuss meisterhaft: Er wirft sich in die linke untere Ecke des Tores und hat den Ball sicher.
10 Es folgt ein weiter Abstoß des Torhüters. Der Ball springt einmal auf, dann kann ihn der starke Dribbler der Roten unter Kontrolle bringen. Er stürmt die nur noch wenigen Schritte in Richtung Bären-Tor und zieht dann blitzschnell ab ... Jaaaa, Tooor Toor, Tor! Er trifft auch wieder im heutigen Duell, so wie er immer trifft für die Roten. Bestimmt trifft er auch im nächsten Aufeinandertreffen der Mannschaften. Was für ein grandioser Spieler! So einen wünscht sich
15 jeder in seinen Reihen.

Es steht nun 1:0 für die Roten und ich gönne uns eine kleine Pause und gebe zurück ins Funkhaus zu meinem Kollegen. Vor Ort melde ich mich gleich wieder."

2. Notiere alle Präsensformen aus dem Bericht und füge den Infinitiv (Grundform) hinzu. Fertige eine Tabelle nach folgendem Muster in deinem Heft an:

Präsensform	Grundform (Infinitiv)
ich berichte	berichten
es steht	...

3. Suche im obigen Text Präsensformen, die etwas Wiederkehrendes ausdrücken, und schreibe sie mit einem grünen Stift in dein Heft.

4. Hat der Reporter im Text Zukunftsformen des Präsens verwendet? Notiere sie mit einem blauen Stift in deinem Heft.

Präteritum

Das Präteritum

Verben in der Form des **Präteritums** drücken die einfache Vergangenheit aus, d.h. sie sagen, was schon geschehen ist.

*Ich **hörte** gestern Radio.*

*Ihr **kamt** letzte Stunde nicht in den Unterricht.*

*Sie **kämmten** sich nicht die Haare.*

Das Präteritum verwendet man meist in Schrift- und in Alltagssprache für **Erzählungen**.

*„Die kleine Anna **langweilte** sich gestern in der Schule. Da **kam** ihr die Idee, eine Geschichte aufzuschreiben. Sie **fing** an und **schrieb** …"*

Im Präteritum unterscheidet man zwei Arten von Verben: **schwache Verben (regelmäßige)** und **starke Verben (unregelmäßige)**.

Schwache Verben erkennt man im Präteritum an der Endung **-te**.

*Er tank**te***   *Es klapper**te***

Starke Verben kann man daran erkennen, dass sie im Präteritum den Vokal der Grundform ändern.

sinken – sank   *kommen – kam*

Präteritum

1. **Lies dir die folgenden Wörter gut durch.**

   schlafen – schreiben – gehen – essen – haben – fragen – klingeln – loben – werden – versprechen – gewinnen – laufen – sitzen – sprechen – kochen

2. **Schreibe die Wörter im Infinitiv und im Präteritum in dein Heft. Mache dir dazu eine Tabelle, in der du die schwachen Verben von den starken Verben sortieren kannst.**

Schwache Verben	Starke Verben
haben – hatt**e**	schl**a**fen – schl**ief**
…	…

3. **Denke dir selbst noch je drei schwache und starke Verben aus und trage sie ebenfalls in deine Liste ein.**

4. **Schreibe zu jedem der Verben aus deiner Tabelle einen Satz im Präteritum in dein Heft und unterstreiche die Verben grün.**

5. **Ergänze zu den Formen des Präsens die Formen des Präteritums in der richtigen Personalform.**

   a) ich sehe   ich _____

   b) du brauchst   du _____

   c) er startet   er _____

   d) sie ist   sie _____

   e) es schneit   es _____

   f) wir hüpfen   wir _____

   g) ihr seid   ihr _____

   h) sie fotografieren   sie _____

Zeitformen

Präteritum

1. **Lies den folgenden Text aufmerksam durch.**

   Der Bär und seine Freundin!

   Ein kleiner, brauner Bär lebte einsam in einem Wald. Er (hat) _____ keine Freunde, denn mit einem Bär (wollen) _____ die anderen Tiere nichts zu tun haben. So (trotten) _____ er Tag für Tag alleine durch den Wald. Er (langweilen) _____ sich sehr.

   Eines Tages (entschließen) _____ er sich, einmal einen Ausflug zu machen. Der Bär
   5   (wollen) _____ in die Stadt gehen. Dort, so (hören) _____ er von den Vögeln im Wald, (geben) _____ es viele bunte Geschäfte, viele Straßen und Menschen, viel Musik, vieles zum Ansehen und Staunen … und vor allem (geben) _____ es viele Süßigkeitenläden. Der Bär (lieben) _____ nämlich alles, was süß (schmecken) _____. So (gehen) _____ er dann los. Was er an diesem Tag (erleben) _____, (sollen)
   10   _____ sein ganzes Leben verändern.

   …

2. **Schreibe den Text in dein Heft ab und ergänze die fehlenden Verbformen im Präteritum. Unterstreiche dann die eingesetzten Wörter.**

3. **Suche im Text die schwachen (regelmäßigen) und die starken (unregelmäßigen) Verben heraus. Bilde eine Tabelle nach folgendem Beispiel.**

Schwache Verben	Starke Verben
leben – leb**te**	entschl**ie**ßen – entschl**oss**
…	…

4. **Wie könnte die Geschichte vom kleinen Bär weitergehen? Schreibe die angefangene Geschichte weiter und überlege dir, warum die Überschrift von „Freundin" spricht. Achte darauf, dass du im Präteritum schreibst.**

5. **Du hast nun schon die Präsens- und die Präteritumform eines Verbs gelernt. Schreibe die Sätze in dein Heft ab und forme den Satz dann in die jeweils andere Form um.**

   a) Heute regnet es den ganzen Tag.
   b) Christina schlief gestern schlecht ein.
   c) Wir schauen gerne Fernsehen.
   d) Er fiel vom Apfelbaum.
   e) In der Apotheke gibt es Medikamente.
   f) Fahrrad fahren macht Spaß.

Perfekt

Das Perfekt

Verben in der Form des **Perfekts** beschreiben vergangene Ereignisse, die erst vor Kurzem geschehen sind und noch bis in die Gegenwart einwirken.

Gestern habe ich 10 Ostereier gegessen.
(Heute habe ich Bauchweh.)

Die Ereignisse müssen abgeschlossen sein, deshalb nennt man die Form auch **vollendete Gegenwart** oder **Vorgegenwart**.
Das Perfekt verwendet man meist in mündlichen Erzählungen.

Bildung des Perfekts

Das Perfekt wird immer mit einer Form von **haben** oder **sein** und dem **Partizip II** eines Verbs gebildet, deshalb nennt man es auch zusammengesetzte Vergangenheitsform.

*Ich **habe gelernt**, dass ...*

*Du **bist** gestern zur Schule **gerannt**.*

Das Partizip II erkennst du meist an dem Anfang **ge-**.

*lernen – **ge**lernt*

*rennen – **ge**rannt*

Zeitformen

Perfekt

1. **Vervollständige die Sätze mit den Verben im Perfekt. Schreibe dazu in dein Heft.**

   a) Du keine Hausaufgaben **(machen)**

   b) Es **(regnen)**

   c) Sie (Plural) in der Sonne **(liegen)**

   d) Ich Rad **(fahren)**

   e) Wir ein lustiges Spiel **(spielen)**

   f) Ihr nicht ihren Namen **(kennen)**

2. **Schreibe einen Tagebucheintrag von gestern mit mindestens zehn Sätzen in dein Heft. Verwende dabei die Form des Perfekts.**

   Beginnen könntest du so:

   Liebes Tagebuch,
   gestern bin ich mit meiner Cousine Lisa in die Stadt gefahren. Dort …

3. **Unterstreiche dann in deinem Eintrag die zusammengesetzte Verbform des Perfekts in deinem Heft. Benutze unterschiedliche Farben. Nimm Grün für die Form von haben bzw. sein und Gelb für das Partizip II.**

4. **Zeichne in dein Heft eine Tabelle mit zwei Spalten. Finde fünf Verben, die im Perfekt stehen und die du durch die Silbe ge- erkennst. Schreibe sie in die linke Tabellenhälfte.**

   Finde nun fünf weitere Verben, die im Perfekt stehen, die nicht mit der Silbe ge- gebildet werden. Trage sie in die rechte Seite der Tabelle ein. Welche Tabellenhälfte fällt dir leichter zu füllen?

ge-	kein ge-
bin **ge**laufen	
…	…

Perfekt

1. **Lies dir die Liste der Verben durch.**

   fühlen – suchen – spielen – kennen – teilen – blicken – lachen – springen – sehen – essen – leben – sitzen

2. **Lies dir ebenfalls diese Vorsilben gut durch.**

   auf-   zer-   hin-   ent-   be-   an-   ver-   her-   er-   um-

3. **Suche dir drei Verben aus und bilde zu jedem ein Cluster in deinem Heft. Bilde dabei mit den Vorsilben alle möglichen Kombinationen, die einen Sinn ergeben.**
   Dein Cluster könnte so aussehen:

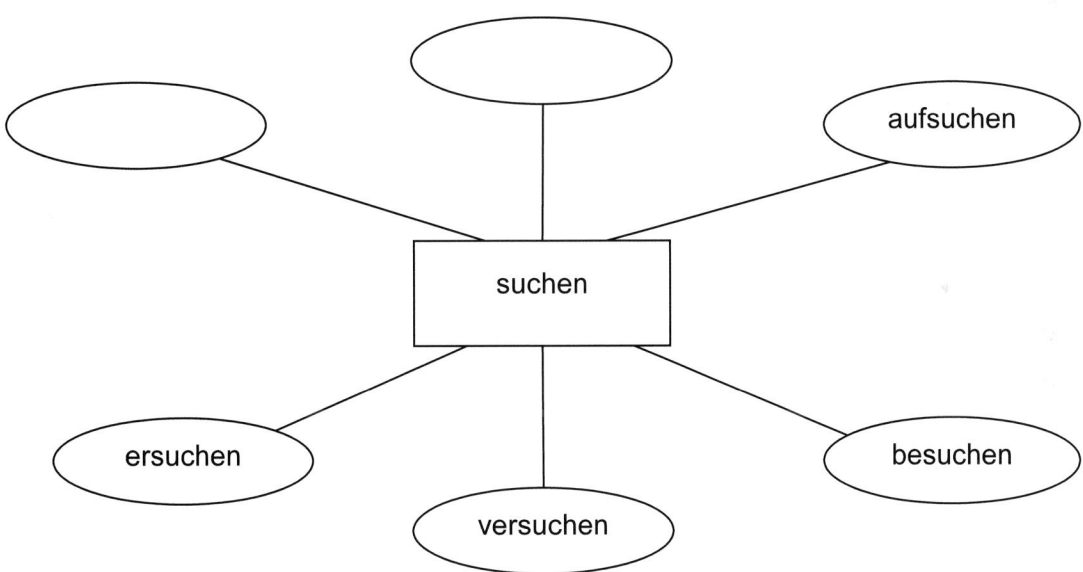

4. **Schreibe zu neun zusammengesetzten Verben (wenn möglich aus jedem Cluster drei) einen Satz in dein Heft. Verwende dabei das Verb in der Form des Perfekts.**

   Gestern hat mich ein netter Junge zu Hause besucht.

5. **Unterstreiche in jedem Satz die Perfektform grün. Was fällt dir auf?**

Plusquamperfekt

Das Plusquamperfekt

Verben in der Form des **Plusquamperfekts** beschreiben vergangene Ereignisse, die weit in die Vergangenheit zurückreichen und die in der Vergangenheit abgeschlossen sind.

Nachdem wir gegessen hatten, kümmerte ich mich um den Abwasch.

Die Ereignisse müssen in der Vergangenheit bereits abgeschlossen sein, deshalb nennt man die Form auch **Vorvergangenheit**.

Bildung des Plusquamperfekts

Das Plusquamperfekt wird immer mit einer Vergangenheitsform von **haben** oder **sein** und dem **Partizip II** eines Verbs gebildet.

*Ich **hatte** mit dem Ball **gespielt**.*
*Du **warst** bei Regen durch die Stadt **gelaufen**.*

Plusquamperfekt

1. **Bilde aus den Perfektformen das Plusquamperfekt. Siehst du, was sich ändert? Unterstreiche die geänderten Formen grün.**

Perfekt	Plusquamperfekt
Ich habe gegessen.	Ich hatte gegessen.
Sie sind gelaufen.	…
Wir haben gekämpft.	
Du hast gesungen.	
Sie ist geblieben.	
Ihr seid geritten.	
Ich bin geblieben.	
Er hat gerechnet.	
Wir haben gewonnen.	
Es hat funktioniert.	

2. **Bilde die gesuchten Personalformen im Plusquamperfekt und schreibe sie in dein Heft. Hier ein Beispiel:**

laufen (1. Person Singular) – *ich war gelaufen*

a) stehen (1. Person Plural)

b) filtern (3. Person Singular)

c) singen (2. Person Singular)

d) tanzen (3. Person Plural)

e) schauen (2. Person Plural)

f) kehren (3. Person Singular)

g) wenden (1. Person Singular)

h) lernen (3. Person Singular)

Zeitformen

Plusquamperfekt

1. Das Plusquamperfekt beschreibt Ereignisse, die weit in der Vergangenheit zurückliegen. Denke dir eine Geschichte aus, die das Mädchen Caroline an ihrem 7. Geburtstag erlebt hat. Schreibe die Geschichte mit mindestens zehn Sätzen im Plusquamperfekt in dein Heft.

   Deine Geschichte könnte so anfangen:

   Es hatte den ganzen Tag über geregnet. Caroline hatte sich ihren Geburtstag so sehr herbeigesehnt, doch jetzt …

2. Unterstreiche alle Plusquamperfekt-Formen in deinem Heft.

3. Bilde aus den unterstrichenen Formen die jeweils passende Form im Perfekt.

   es hatte geregnet (Plusquamperfekt) – *es hat geregnet* (Perfekt)

4. Bilde mit jedem der folgenden Verben einen Satz im Perfekt und einen im Plusquamperfekt.

   a) lesen

   b) folgen

   c) bitten

   d) geben

   e) sinken

   f) lachen

   Perfekt:

   Ich habe heute Morgen die Tageszeitung gelesen.

   Plusquamperfekt:

   Ich hatte gestern die Tageszeitung gelesen.

Zeitformen

Futur I

Das Futur I

Verben in der Form des **Futur I** verwendest du, um zukünftige Geschehnisse auszudrücken.

Morgen werden wir Sportunterricht haben.

Das Futur I ist auch (wie das Perfekt und das Plusquamperfekt) eine zusammengesetzte Zeitform.

Das Futur I wird gebildet aus einer Form von **werden** und dem **Infinitiv eines Verbs**.

Im März **werden** *die Schneeglöckchen* **blühen**.

Du siehst, das Futur I wird ganz leicht gebildet. Du darfst das Verb immer in seiner Grundform (Infinitiv) verwenden.
Du musst nur „werden" in die richtige Personalform bringen:

ich **werde**	1. Person Singular
du **wirst**	2. Person Singular
er/sie/es **wird**	3. Person Singular
wir **werden**	1. Person Plural
ihr **werdet**	2. Person Plural
sie **werden**	3. Person Plural

Futur I

1. **Das Futur I steht in manchen Sätzen für die Zukunft, in manchen Sätzen für eine Vermutung. Kannst du die Sätze unterscheiden?**
   Schreibe alle Sätze in dein Heft ab. Unterstreiche die Sätze mit der Zukunftsform blau, die anderen rot.

   Nächsten Monat werde ich meinen 10. Geburtstag feiern. (Zukunft)
   Ich werde wohl viele Geschenke bekommen. (Vermutung)

   a) Sie werden morgen nach München fahren.

   b) Im Urlaub wird es wohl sehr heiß werden.

   c) Nächste Woche werde ich wieder meine beste Freundin im Krankenhaus besuchen.

   d) Sie wird sicher noch drei Wochen im Krankenhaus verbringen müssen.

   e) Bei der nächsten Fußball-WM werden wir wieder Weltmeister werden.

   f) Morgen nach der Schule werden wir wieder zusammen spielen.

   g) Du wirst sicher noch mal darüber nachdenken.

   h) Wir werden um 20 Uhr nach Hause gehen.

2. **Bei den Sätzen von Aufgabe 1 könnte an der Stelle des Futur I auch die Form des Präsens stehen. Schreibe die Sätze so in dein Heft um, dass der Satz im Präsens steht. Unterstreiche die Präsensform.**

   Nächsten Monat feiere ich meinen 10. Geburtstag.

3. **Lies dir die folgenden Verben genau durch.**

fliegen	sehen	waschen	klettern	binden
erinnern	kauen	durchführen	angeben	

   Überlege dir selbst weitere Sätze im Futur I. Benutze dazu die obigen Verben. Schreibe die Sätze in dein Heft. Unterstreiche die Futur I-Form.

Zeitformen

Futur I

1. Wandle den folgenden Text ins Futur I um. Schreibe ihn in dein Heft.
Stelle dir vor, du bist Emil und erzählst deinem besten Freund, was du nächsten Sonntag tun wirst.

Das Turnierreiten

Emil ist 11 Jahre alt. Solange er sich zurückerinnern kann, fährt er jeden Sonntag mit seinen Eltern und seiner drei Jahre älteren Schwester Sandra zu Reitturnieren.

Morgens geht es immer schon früh los. Alle laufen hektisch durcheinander, jeder sucht schnell noch seine Siebensachen zusammen. Sandra sucht jedes Mal nach ihrem Reithelm und Emils Vater putzt wie immer viel zu spät seine Reiterstiefel. Emils Mutter regt das furchtbar auf, dass ständig alles in letzter Minute erledigt wird. Aber bisher sind sie stets pünktlich zu den Turnieren gekommen.

Emil sitzt dann wieder schmunzelnd in einer Ecke und schaut dem regen Treiben aufmerksam zu. Er kann dem Reitsport für sich selbst nichts abgewinnen. Aber jedes Mal sitzt er in der ersten Reihe und jubelt seiner Familie zu.

Wenn sie beim Turnier ankommen, kümmert sich Emils Vater immer um ihre Pferde und holt sie aus der Box. Jedes Mal dauert es etwa eine Stunde, bis die Tiere zurechtgemacht sind für den großen Auftritt.

Emils Mutter erledigt in dieser Zeit die Anmeldeformalitäten. Sie muss für jeden Teilnehmer ein Blatt ausfüllen.

Danach geht es los mit den Wettbewerben. Zuerst starten immer die Kinder und Jugendlichen, bevor danach Emils Mutter bei den Damen an der Reihe ist. Zum Schluss kommen stets die Herren.

Emils Vater ist ein guter Reiter. Meistens gewinnt er eine Medaille. Nach Siegen feiert jedes Mal die ganze Familie. Ein paar befreundete Reiter kommen dann auch dazu und die Stimmung ist ausgelassen.

Auf dem Heimweg schwärmt Emils Mutter immer von den tollen Pferden und Emils Vater erzählt jedes Mal von seinem ersten Turniersieg vor 25 Jahren. Sandra ist meist so müde, dass sie im Auto schläft, und Emil … Emil denkt sich seinen Teil und freut sich auf die Pizza zu Hause, die es jedes Mal nach Turniersonntagen gibt!

Deine Geschichte könnte so anfangen:
Hallo Frederick,
nächsten Sonntag werde ich wieder mit meinen Eltern und meiner drei Jahre älteren Schwester Sandra zu einem Reitturnier fahren.
…

2. Unterstreiche in deinem Heft die Futurformen.

3. Schreibe in fünf Sätzen in deinem Heft eine Fortsetzung der Geschichte. Erzähle deinem Freund, was du abends nach der Pizza noch machst. Schreibe natürlich im Futur I.

Zeitformen

Satzarten

Die drei Satzarten

Es gibt im Deutschen Aussage-, Frage- und Aufforderungssätze.

Einen **Aussagesatz** erkennst du daran, dass als Satzschlusszeichen ein **Punkt (.)** steht.

Morgen findet das jährliche Seefest statt.

Der **Fragesatz** wird am Ende mit einem **Fragezeichen (?)** gekennzeichnet.

Wie war dein erster Schultag in der neuen Schule?

Bei einem **Aufforderungssatz** hast du als Satzschlusszeichen ein **Ausrufezeichen (!)** zu setzen.

Schlinge nicht so beim Essen!

Der Aufforderungs-/Ausrufesatz

Mit einem Aufforderungssatz möchtest du eine andere Person um etwas **bitten**, ihr einen **Befehl** oder eine **Anweisung** geben. Einen Aufforderungssatz erkennst du daran, dass das **Verb am Anfang des Satzes** und in der **Imperativform (Befehlsform)** steht.

Aufforderungssätze **enden mit einem Ausrufezeichen**.

Bitte: **Gib** *mir bitte das Wasserglas!*

Befehl/Anweisung: **Lass** *ihn sofort los!*

Auch **nach Ausrufen** wie *Oh!, He!, Toll!* … steht ein **Ausrufezeichen**.

Zeichen setzen

Satzarten

1. Bestimme die Satzart.

a) Sätze, die ein Fragezeichen am Satzende haben, nennst du _____.

b) Sätze, die ein Ausrufezeichen am Satzende haben, nennst du _____.

c) Sätze, die einen Punkt am Satzende haben, nennst du _____.

2. Setze die richtigen Satzschlusszeichen.

a) Alles in Ordnung bei euch _

b) Vorsicht Explosionsgefahr _

c) Achtung, Achtung _

d) Verflixt, die Tür ist zugefallen _

e) Sie schlägt das Wort im Duden nach _

f) Muss ich schon aufstehen _

g) Die Blätter fallen von den Bäumen _

h) Such mich doch _

3. Überprüfe, ob Julia alle Satzzeichen richtig gesetzt hat. Berichtige die falschen Sätze, indem du sie erneut aufschreibst. Bestimme anschließend die Satzart!

a) Hast du schon fleißig für das Vorspielen geübt! _____

b) Putze dir vor dem Zahnarzt die Zähne, Marc. _____

c) Anna spült die schmutzigen Gläser und ich trockne sie ab. _____

d) Das Wetter scheint laut Wetterbericht stürmisch zu werden! _____

e) Gib mir mal bitte die neue Zeitung. _____

Zeichen setzen   41

Satzarten

1. Überlege, um welche Satzart es sich jeweils handelt, und setze die richtigen Satzschlusszeichen.

    a) Ob sie schon im neuen Haus angekommen sind __   _____

    b) Schalte bitte den Fernseher aus __   _____

    c) Welch eine Unordnung __   _____

    d) Der Koch würzt seine Tomatensuppe mit frischem Basilikum __   _____

    e) Lina, bist du schon in dem neuen Kinofilm gewesen __   _____

2. Ändere die Sätze.

    a) Annette spricht gerne über ihre Pferde.

    Fragesatz: _____

    b) Hilfst du mir bei der Grammatikübung?

    Aufforderungssatz: _____

    c) Marie schreibt einen Aufsatz.

    Aufforderungssatz: _____

    d) Ist Sie die neue Englischlehrerin?

    Aussagesatz: _____

    e) Peter hat gut geschlafen.

    Fragesatz: _____

3. Lies den Text und setze die richtigen Satzschlusszeichen. Denke auch an die Überschrift.

    Glück gehabt

    Verflixt, jetzt habe ich den Haustürschlüssel in der Wohnung liegen lassen __ Warum muss in diesem Augenblick ein Windstoß die Türe zuschlagen __ Ich wollte doch nur kurz den Müll wegbringen __ Was mache ich bloß __ Soll ich beim alten Herrn Krausmann klingeln __ Den störe ich wahrscheinlich bei seinem Mittagsschläfchen __ Ah, was sehen meine Augen __ Da kommt mein Sohn Paul aus der Schule __ Aber Moment __ Hat Paul um diese Zeit schon Schule aus __ Heute schon, denn der Sportunterricht ist ausgefallen, da der Lehrer sich das Bein gebrochen hat __ Juhu, was bin ich doch für ein Glückspilz __ Vor lauter Erleichterung kochte ich meinem Paul eine riesige Schüssel Schokoladenpudding, nachdem er uns mit seinem Schlüssel die verschlossene Tür wieder geöffnet hatte __

Kommasetzung

Komma bei Anreden und Ausrufen

Anreden verwendest du besonders in **Briefen** oder **E-Mails**, aber auch in anderen Texten.
Du grenzt sie durch **Kommas** vom übrigen Satz ab.

<u>Sehr geehrter Herr Müllerhagen,</u>
ich freue mich sehr über Ihre Antwort auf meine Frage …

<u>Liebe Claudia,</u>
viele Grüße von der Urlaubsinsel Kreta. Hier ist es wunderschön, aber auch sehr heiß …

Ausrufe wie *Hallo, Oh, Toll, He, Prima, …* werden vom übrigen Satz ebenfalls **durch ein Komma abgetrennt**.

Hallo, *mit wem spreche ich?*   **Aha**, *du hast meinen Schokoladenpudding gegessen!*

Komma bei Aufzählungen

Aufzählungen von **mehreren gleichrangigen Wörtern, Wortgruppen und Sätzen** trennst du mit **Kommas** voneinander ab.

Auf dem Pausenhof spielte ich heute mit Nadine, Nina, Katrin.

Bei der Aufzählung von Wörtern steht **manchmal** auch ein **Doppelpunkt**.

Für das Fest benötigen wir außerdem: Grillkohle, Fleisch, Salate, Getränke, Brot.

Kein Komma steht **vor** Konjunktionen wie **und** oder **oder**.

*Morgens, mittags **und** abends gibt es ein großes Essensbuffet.*
*Er schlief **oder** ging am See spazieren.*

Komma bei der wörtlichen Rede

Zwischen der wörtlichen Rede und einem nachgestellten Redebegleitsatz steht ein Komma. Bei einem Aussagesatz entfällt der Schlusspunkt.

„Ich wünsche mir ein neues Fahrrad", sagt Sophia.

Auch **bei einem Ausrufezeichen oder einem Fragezeichen am Ende der wörtlichen Rede** steht ein Komma vor dem Redebegleitsatz.

„Hast du die Hausaufgaben verstanden?", fragt die Englischlehrerin den Schüler.

Eingeschobene Redebegleitsätze werden in **Kommas** eingeschlossen.

„Es ist schon spät", stellte die Mutter fest, „du musst morgen früh aufstehen."

Kommasetzung

1. Setze in den Sätzen die fehlenden Kommas ein.

a) Er kam hungrig unausgeschlafen und abgehetzt in den Klassenraum.

b) Die Frau im bunten Sommerkleid liegt erholt und glücklich in ihrem Liegestuhl.

c) Lieber Herr Mais liebe Gäste wir möchten uns bei Ihnen für Ihren Einsatz herzlich bedanken.

d) Heute Abend findet das jährliche Luftballonfest am Marktplatz statt.

e) Batman Superman und Spiderman sind Comichelden.

2. Ergänze die Sätze durch einen passenden Ausruf oder eine Anrede. Setze die fehlenden Kommas.

Pfui – Aha – He – Liebe/r – Sehr geehrte/r – Oh – Au

a) _____ da versteckt sich also unsere Katze Lullu!

b) _____ Sie, belieben Sie stehen!

c) _____ der Sturz hat ziemlich wehgetan!

d) _____ du siehst bezaubernd aus!

e) _____ Frau Weber ich möchte Sie herzlich zu unserem Sommerfest einladen.

f) _____ hier riecht es aber nach Landluft!

g) _____ Timo du fehlst mir so sehr.

3. Unterstreiche in den folgenden Sätzen die aufgezählten Teile. Setze die fehlenden Kommas.

Frauen Männer und Kinder aus den umliegenden Dörfern kamen nach Akrobatika, weil alle den berühmten Seiltänzer Luftikus sehen wollten. Luftikus reiste rund um die Welt zeigte seine Kunststücke auf dem Seil erzählte den Zuschauern von seinem Leben rund um den Seiltanz und wurde für seine Herzlichkeit gegenüber den Menschen und seine waghalsigen Balanciereinlagen immer mit größter Bewunderung und lautem Beifall belohnt.

Zeichen setzen

Kommasetzung

1. **Setze, wo nötig, die Kommas.**

   a) Folgende Zutaten sind enthalten: Eier Milch Mehl und eine Prise Salz.

   b) Der Hund hat ein Loch in das Sofakissen gebissen.

   c) Ich mag Rock Jazz Pop und klassische Musik.

   d) Sehr geehrte Patienten unserer Praxis am kommenden Montag machen wir für zwei Wochen Betriebsferien.

   e) Goethe Schiller Lessing und Fontane sind alle Schriftsteller gewesen.

2. **Schreibe die Sätze in der richtigen Groß- und Kleinschreibung auf und setze die fehlenden Zeichen.**

   a) fabelhaftdanntreffenwirunsvordemkinoeingang

   b) autschjetzthabeichmichandemkaktusgestochen

   c) hallomitwemspreicheichdenn

   d) liebelauraichwünschedirvielerfolgbeideinenprüfungen

3. **In diesem Text fehlen neun Kommas. Ergänze sie. Wer spricht hier?**

Wer bin ich?

Jeder besucht ihn mindestens einmal in der Woche. Viele Menschen arbeiten dort an der Kasse hinter der Fleisch- oder Käsetheke im Lager oder im Büro. Besonders am Mittag oder am späten Nachmittag bummeln junge und alte Menschen durch die bunten und sortierten Regalreihen. Mancher läuft hetzt oder rennt an den Kartons Dosen Gläsern Bechern oder frischen Waren vorbei. Es wird aber auch mit viel Freude der kleine Metallhelfer gefüllt. Der großen Auswahl an modischer Kleidung exotischen Nahrungsmitteln und neusten Hifi-Geräten kann nicht widerstanden werden. Besonders an der Quengelfront wird es für Mutter Vater Kinder und natürlich Kleinkinder nochmals spannend.

Wörtliche Rede

Die wörtliche Rede

Durch die wörtliche Rede gestaltest du deine Texte anschaulicher und lebendiger.

Was du **wörtlich wiedergeben** willst, hast du **in Anführungszeichen zu setzen („…")**.

Bei der wörtlichen Rede steht oft ein Redebegleitsatz. Für die wörtliche Rede und für den Redebegleitsatz gibt es **drei mögliche Positionen**.

Mögliche Anordnungen von Redebegleitsatz und wörtlicher Rede:

1. Wenn der **Begleitsatz vor der wörtlichen Rede** steht, dann hast du nach dem Begleitsatz einen **Doppelpunkt** zu setzen.

    Frau Schneider erklärt: „Der Redebegleitsatz kann an drei verschiedenen Stellen im Satz stehen."

2. Steht der **Begleitsatz nach der wörtlichen Rede**, dann wird **nach der wörtlichen Rede ein Komma** gesetzt.

    „Schreib mir deine Telefonnummer auf!", bittet Justin seinen neuen Freund Marc.

    „Ich lese gerade ein spannendes Buch", erzählt Marie.

    Aufgepasst: Bei Frage- und Aufforderungssätzen bleibt das entsprechende Satzschlusszeichen (Fragezeichen oder Ausrufezeichen) stehen. Dagegen entfällt bei Aussagesätzen der Punkt.

3. Du kannst den **Begleitsatz** auch **einschieben**, also **in die Mitte stellen**. Dabei wird der **Begleitsatz von zwei Kommas** eingeschlossen.

    „Morgen Mittag", bemerkt Laura, „habe ich einen Zahnarzttermin."

Beginnen die **nachgestellten** und **eingeschobenen** Redebegleitsätze nicht mit einem Nomen, dann schreibst du **das erste Wort** mit einem **kleinen Anfangsbuchstaben**.

Wörtliche Rede

1. a. Unterstreiche die Redebegleitsätze.

a) „Wir wollen heute Abend in den neuen Kinofilm von meiner Lieblingsschauspielerin", erklärt Mia ihrer Freundin Betty.

b) Die Frau ruft: „Vorsicht, das ist eine alte Vase meiner Großmutter Inge!"

c) „Das verstehen wir nicht", meinen die besorgten Eltern, „sonst ruft Hendrik immer an."

d) Ein Polizist spricht die Autofahrerin an: „Bitte parken Sie Ihr Auto in dem markierten Bereich!"

e) „Oh, nein", jammert Svenja, „mein Fahrrad wurde schon wieder gestohlen!"

f) Janina fragt Vivien: „Hast du auch eine Zwei in der letzten Deutscharbeit geschrieben?

b. Schreibe alle Verben aus den Redebegleitsätzen im Infinitiv heraus.

_____

_____

2. a. Ordne den Schaubildern den passenden Satz zu. Schaubild und Satz erhalten die gleiche Nummer.

1	... : „_____!"	Die Premiere des neuen Kinofilms war ein riesiger Erfolg berichtet die Fernsehreporterin
2	„_____", ... , „_____!"	Morgen ist dein großer Tag bemerkt Mutter Inge du wirst in die neue Schule eingeschult
3	„_____", ...	Steffi und Klara sagen Wir haben Oma zum Geburtstag einen Nusskuchen gebacken
4	... : „_____."	Die Feuerwehr fordert die Anwohner auf Halten Sie Fenster und Türen geschlossen
5	„_____", ... , „_____."	Sagenhaft ruft Vater Klaus begeistert was für ein traumhaftes Tor

b. Schreibe die Sätze mit der richtigen Zeichensetzung in dein Heft ab!

Zeichen setzen

Wörtliche Rede

1. a. In diesem Gitternetz verstecken sich waagrecht und senkrecht insgesamt acht Wörter, die in Redebegleitsätzen auftauchen können. Markiere sie.

W	F	R	A	G	E	N	Z	W	J	L	A	C
B	Ä	F	L	Ü	S	T	E	R	N	X	N	W
E	W	P	G	D	W	H	F	Z	J	Y	T	V
H	J	G	X	C	R	W	B	Ä	S	W	W	F
A	D	P	R	A	H	L	E	N	C	H	O	N
U	V	I	E	J	L	S	W	T	H	C	R	J
P	Ü	W	G	W	T	Z	P	Ö	R	L	T	S
T	B	Z	H	I	O	P	Ü	X	E	O	E	L
E	R	K	L	Ä	R	E	N	Z	I	B	N	Ü
N	X	E	K	Y	X	Ü	B	D	E	E	W	X
H	S	D	Ö	W	J	W	Ö	L	N	N	X	G
J	Ö	X	W	Ü	Y	H	G	F	W	L	Ä	C

b. Fülle die Lücken mit einem passenden Wort aus dem Gitternetz. Setze fehlende Zeichen.

a) Die kleine Nina _____ Warum wachsen Ananas nicht an Bäumen, sondern an Sträuchern am Boden

b) Pst _____ der kleine Tom, Mama und Papa dürfen uns nicht hören.

c) Mein Auto habe ich genau hier geparkt _____ der Mann gegenüber der Polizeibeamtin.

d) Autsch, jetzt habe ich mich am heißen Topfdeckel verbrannt _____ Mutter Gabi.

e) Ausgezeichnet _____ Oma Berta ihre Enkelin, die Torte könnte vom Bäcker sein

f) Der Torwart _____ Ich bin in meiner Spielposition unschlagbar

g) Herr Peters _____ den Weg Sie müssen an der nächsten Kreuzung links und dann in die Rosengasse einbiegen.

h) Der Quizkandidat _____ auf die gestellte Frage Ja, es stimmt, dass Kakaobohnen früher als Medizin verwendet wurden.

2. Finde zu den folgenden Wörtern je einen eigenen Satz und schreibe ihn in dein Heft. Beachte dabei: Formuliere drei Sätze mit vorangestelltem Redebegleitsatz, drei Sätze mit eingeschobenem Redebegleitsatz und drei Sätze mit nachgestelltem Redebegleitsatz

versprechennuschelnbrüllenerzählenantwortenbetonenbemerkenseufzenjammernsagen

Zeichen setzen

Langer Vokal

Der lange Vokal

Die **Vokale** (Selbstlaute) sind a, e, i, o, u.
Die Kürze oder Länge des Vokals wird im Schriftbild unterschiedlich gekennzeichnet. Meistens werden die lang gesprochenen Vokale oder die lang gesprochenen Umlaute (ä, ö, ü) mit einem einfachen Buchstaben geschrieben.

*schl**a**fen, B**o**te, Sch**u**le*

Wörter mit Dehnungs-h

Es gibt Wörter, bei denen wird ein langer Vokal durch ein **h** gekennzeichnet. Dieses **h** hört man nicht. Deshalb musst du dir diese Wörter besonders gut einprägen.

*der Le**h**rer, das O**h**r, ge**h**en*

Wörter mit ie und ih

Wird der i-Laut lang gesprochen, dann wird er meistens mit **ie** geschrieben.

*die B**ie**ne, die W**ie**se, verl**ie**ren*

In einigen Pronomen (Fürwörtern) wird der i-Laut mit **ih** gebildet

***ih**r, **ih**m, **ih**nen*

Wörter mit Doppelvokal

In einigen Wörtern schreibt man ein langes a, langes e oder langes o mit **Doppelvokal**.

*der St**aa**t, der S**ee**, das M**oo**r*

Richtig schreiben

Langer Vokal

1. a. Lies die folgenden Wörter laut.

   | der Schlaf   der Regen   sagen   die Möwe   der Käse   das Buch |

   b. Schreibe die folgenden Sätze in dein Heft und vervollständige sie, indem du die passenden Wörter für die Lücken einsetzt.

   a) Der _____ prasselte auf die Erde nieder.

   b) An der Nordsee kann man viele _____ am Strand entdecken.

   c) Die Kleider _____ den Mädchen zu.

   d) Abends liest mir meine Mutter immer aus einem _____ vor.

   e) Die Mäuse lieben den _____.

   f) Ausreichend _____ ist wichtig, damit man den ganzen Tag fit ist.

2. a. Lies die folgenden Wörter laut vor.

   | das Jahr   die Bahn   das Huhn   der Sohn   wehren   der Verkehr |
   | das Ohr   fehlen   nehmen   ruhen   mahlen   bohren |
   | die Sohle   fahren   der Ruhm   die Fuhre |

   b. Fertige eine Tabelle nach dem folgenden Muster an. Trage die Wörter in die entsprechende Spalte ein.

ah	eh	oh	uh
das Jahr	...	...	....

3. Finde zu den folgenden Wörtern die passenden Nomen. Schreibe in dein Heft.

   | friedlich   spiegelte   gemietet   riesig   lieben   besiegte   zielen |

4. Bilde mit folgenden Wörtern witzige Sätze und schreibe sie in dein Heft.

   | der See   das Boot   der Schnee   das Haar   der Saal |
   | die Fee   das Moor   das Meer |

Richtig schreiben

Langer Vokal

1. **Finde die verwandten Wörter und ordne sie den Oberbegriffen „rufen", „baden", „schlafen" und „fragen" zu. Schreibe in dein Heft.**

   Der Zuruf   das Fragezeichen   anrufen   der Bademeister   ausschlafen   verschlafen   das Badezimmer   fragwürdig   der Schlafanzug   widerrufen   der Mittagsschlaf   die Befragung   der Bademantel   der Rückruf

2. **Schreibe den folgenden Postkartentext in dein Heft ab. Fülle die Lücken aus. Schreibe die Pronomen „ihre, ihm, ihn" mit einem farbigen Stift.**

   Hallo Melanie,

   viele Grüße aus Spanien. Meine Schwester schwimmt jeden Tag im Meer und _____ Haut ist schon schön gebräunt. Sie sammelt allerlei Muscheln, um _____ Sandburg zu dekorieren.

   Leider ist _____ nervige Freundin mit uns im Urlaub.

   Mein Bruder geht lieber surfen. _____ gefallen die Wellen besonders gut. Daher bekommen wir _____ kaum zu Gesicht.

   Bis bald, deine Steffi!

3. **a. Schreibe die folgenden Wortreihen ab.**
   b. Welches Wort passt nicht in die Reihe? Unterstreiche es mit einem grünen Stift.

   a) Fee – Fehler – Klee – Tee
   b) Tiger – Sieb – Zitrone – Benzin
   c) Saat – Aal – Haar – Bart
   d) Rose – Boot – doof – Zoo

4. **Was passt zusammen? Verbinde die zusammengesetzten Wörter und schreibe sie in dein Heft.**

Tee		Klammer
Meer		Kanne
Haar		Besuch
Saat		Wasser
Zoo		Korn

Kurzer Vokal

Der kurze Vokal

Die **Vokale** (Selbstlaute) sind a, e, i, o, u.
Die Kürze oder Länge des Vokals wird im Schriftbild unterschiedlich gekennzeichnet. Dem kurzen betonten Vokal (Schärfung) folgen meistens mehrere unterschiedliche Konsonanten oder der nachfolgende Konsonant wird verdoppelt.

Mehrere Konsonanten nach kurzem Vokal

Man kann hören, ob ein Wort einen kurzen oder einen langen Vokal hat.
Nach einem kurzen betonten Vokal stehen meistens mehrere Konsonanten.

*der A**pf**el, me**lk**en*

Doppelkonsonanten nach kurzem Vokal

Nach einem kurzen betonten Vokal stehen meistens mehrere Konsonanten. Wenn du nur einen Konsonanten nach einem kurzen betonten Vokal hörst, dann verdopple ihn.

*das Schi**ff**, der Wa**ll***

Kurzer Vokal

1. a. Lies die folgenden Wörter laut.
   b. Markiere jeden kurzen betonten Vokal mit einem Punkt und schreibe die Wörter in dein Heft.

turnen	der Winter	dunkel	die Woche	der Hunger
kochen	der Junge	die Brille	sprechen	schlecht	jetzt
die Decke	der Apfel	die Wand	der Herbst

2. a. Lies den folgenden Text aufmerksam durch.
   b. Schreibe alle Wörter mit kurzem betonten Vokal, die einen verdoppelten Konsonanten haben, in dein Heft.

Mein Zimmer ist ziemlich voll. Gleich links neben der Tür steht mein Bett. Vor dem Fenster steht ein Tisch. Vor dem Tisch habe ich einen Sessel, auf dem ein weiches Fell liegt. Auf der anderen Seite steht mein Kleiderschrank, vor dem ein heller Teppich liegt. Auch Poster hängen an der Wand. Dort sieht man ein Schiff, das der Sonne entgegenfährt.

3. a. Schreibe die folgenden Wortreihen ab.
   b. Welches Wort passt nicht in die Reihe? Unterstreiche es mit einem grünen Stift.

   a) sammeln – Mutter – Geld – Pfanne
   b) Kartoffel – dumm – Waffel – singen
   c) Rest – können – dann – Schimmel
   d) Schaffner – Flagge – Milch – knurren
   e) Pudding – Schinken – Rennwagen – zittern
   f) trennen – Bagger – Salz – bekannt

4. a. Lies die folgenden Wörter laut vor.

| Bank | scharf | Schrift | Ast | fort | Dampf | fast | Last | oft | Ort | trennt |
| essbar | kommt | Hund | Fall | lustig | klappt | Sommer | Roller | fallen | Donner |

   b. Schreibe die Wörter in alphabetischer Reihenfolge in dein Heft.

Richtig schreiben

Kurzer Vokal

1. **a.** Lies den folgenden Text aufmerksam durch. Der Text enthält viele Wörter mit betontem kurzem Vokal.
   b. Schreibe den Text in dein Heft. Unterstreiche die Wörter mit unterschiedlichen Konsonanten nach kurzem Vokal mit einem grünen Stift.
   c. Wörter mit verdoppeltem Konsonanten unterstreiche mit blauem Stift.

   Kinder in der Backstube

   Als der Duft von gebackenem Brot durch die Straße weht, öffnet sich die Schultür. Mit vollen Bastkiepen auf dem Rücken ziehen Raul und seine Freunde zum großen Platz der Hauptstadt Lima. Jeden Abend verkaufen sie dort Kuchen und Brot aus ihrer Bäckerei. Raul strahlt. Noch vor kurzem hauste der Neunjährige auf der Straße. Dann hörte er vom Projekt
   5 „Huch`uy Runa", was so viel heißt wie „kleine Menschen, die vorankommen". In der Ganztagsschule lernen rund 300 peruanische Straßenkinder nicht nur Lesen und Schreiben, sondern auch ein Handwerk. Die Lehrer haben Raul geholfen, bei seinen Verwandten unterzukommen und in einem Bett zu schlafen. Seine wirkliche Familie sind aber die Freunde aus der Backstube.

2. Fertige eine Tabelle an und schreibe in dein Heft.
   a. Schreibe die Wörter, die du grün unterstrichen hast, in die linke Spalte.
   b. Notiere auch die Wörter, die du blau unterstrichen hast, in die rechte Spalte.

3. **a.** Diese Wörter haben alle einen kurzen betonten Vokal. Unterstreiche in den Wörtern die Konsonanten nach dem kurzen betonten Vokal.

   a) scharf, der Torf, der Wurf, warf

   b) die Bank, der Schrank, krank, flink

   c) der Mast, die List, die Lust, der Frust

   d) der Ort, das Wort, zart, die Torte, der Start

   e) die Kraft, der Lift, die Schrift, oft, das Gift

   b. Schreibe alle Wörter in dein Heft.

s-Laute

Das stimmhafte s (weiches s) und das stimmlose s (scharfes s)

Wenn der s-Laut im Wort, wie z.B. in *reisen*, an deinem Kehlkopf vibriert bzw. summt, spricht man von einem **stimmhaften s (weiches s)**.

Bei dem Wort *reißen* hörst du oder spürst du dieses Vibrieren nicht. Dann trägt dieser s-Laut den Namen **stimmloses s (scharfes s)**.

Verlängerungsprobe

Einige Wörter bilden eine Ausnahme, bei denen trotz eines stimmlosen (scharfen) s-Lautes nach einem langen Vokal **s** anstatt **ß** geschrieben wird. Es hilft dir, wenn du das Wort verlängerst. Durch die Verlängerungsprobe wird der s-Laut nämlich stimmhaft (weich)!

*Gla**s** – Glä**s**er*

Wörter mit „-nis"

Wörter, die auf **-nis** enden, werden im Singular (Einzahl) mit einem **s** geschrieben. Im Plural (Mehrzahl) schreibt man die Wörter mit Doppel-s.

*das Geheim**nis** – die Geheim**nis**se*

Wörter mit „ss"

Nach kurzem betontem Vokal wird der folgende scharf oder gezischt ausgesprochene s-Laut mit **Doppel-s** geschrieben.

*e**ss**en*

Wörter mit „ß"

Nach langem Vokal oder Doppellaut (Diphthong) wird der scharf oder gezischt ausgesprochene s-Laut mit **ß** geschrieben.

*Fu**ß*** (langer Vokal)   *Strau**ß*** (Doppellaut)

Richtig schreiben

s-Laute

1. **Verlängere die folgenden Wörter, um die richtige Schreibung der s-Laute herauszubekommen:**

   Hau___ – _____   Fu___ – _____

   Gra___ – _____   Gla___ – _____

   Prei___ – _____   Hal___ – _____

2. **Ordne die folgenden Wörter in die Tabelle ein:**

   Fußball   Schüssel   küssen   Gruß   Straße   draußen   wissen   Maß   Fluss
   messen   außerdem   vermissen   Sessel   Schluss   Spaß   heiß

Langer Vokal oder Doppellaut vor dem s-Laut	Kurzer Vokal vor dem s-Laut

3. **Finde die Reimpaare und schreibe in dein Heft:**

   Klasse   Nuss   vergessen   Spaß   draußen   Kuss   essen
   küssen   außen   Kasse   müssen   Maß

4. **Suche acht Wörter mit ss heraus:**

A	B	S	C	H	L	U	S	S
R	E	D	N	U	U	M	L	M
I	S	F	A	S	P	A	S	S
S	S	A	S	T	V	S	A	O
S	E	S	S	K	U	S	S	R
T	R	S	W	E	J	E	Z	Y

Richtig schreiben

s-Laute

1. Bilde die Pluralformen von den folgenden Wörtern. Schreibe in dein Heft.

| der Fuß   das Maß   der Gruß   der Spieß   das Floß   der Spaß   die Straße |

2. Suche zu folgenden Wörtern die passenden Reimwörter mit ß.

heißen	gefräßig	verdrießen	Ruß
b	m	g	F

3. Finde zu den vorgegebenen Wörtern jeweils die fehlende Form:

Infinitiv	3. Person Singular Präsens
vergessen	sie
	er küsst
	sie misst
	er muss
essen	sie

4. Vervollständige die Tabelle mit den richtigen Formen.

Infinitiv	3. Person Singular Präsens	3. Person Singular Präteritum
	er weiß	er
beißen	sie	sie
gießen	er	er
	er	er ließ
	sie fließt	sie
fressen	er	er
	sie	sie verließ

Richtig schreiben

Schwierige Konsonanten

Schwierige Konsonanten am Wortende: b, d, g

Kurze Wörter, bei denen man Ende ein **p, t, k** hört, werden häufig mit **b, d, g** geschrieben. Mit der Verlängerungsprobe kannst du herausfinden, wie das Wort geschrieben wird.

*Ta**g*** – *Ta-**ge***

*Han**d*** – *Hän-**de***

*Die**b*** – *Die-**be***

Spricht man diese Langformen deutlich aus, kann man **b, d, g** hören.

Bei **Nomen** bildest du einfach den **Plural** (Mehrzahl) des Wortes.

*der Kor**b*** – *die Kör**be***

Bei **Adjektiven** bildest du die Langform, indem du das Adjektiv **steigerst**.

*wil**d*** – *wil**der***

Man kann bei **Verben** Langformen bilden, indem man **verwandte Wörter** sucht bzw. die Verben **konjugiert** oder den **Infinitiv** (Grundform) bildet.

*er ban**d*** – *bin**den***

Schwierige Konsonanten

1. a. Lies die folgenden Wörter laut.

   b. Finde die Reimwörter und schreibe sie in dein Heft.

Hand	lobt	Raub	lügt	Kind	betrübt	Käfig	gesund
Geld	Wind	Wand	Laub	wagt	Lob	rund	
klagt	grob	Feld	tobt	mäßig			

2. Verlängere die folgenden Wörter, indem du sie in den Plural (Mehrzahl) setzt. Schreibe wie folgt in dein Heft:

   der Hund – die Hunde

der Tag	das Pferd	der Dieb	der Mund
das Rad	der Stab	der Urlaub	der Wald

3. a. Steigere die folgenden Adjektive und schreibe die Steigerungsformen folgendermaßen in dein Heft:

   ruhig – ruhiger – am ruhigsten

grob	schräg	fremd	blond	lieb	wild	rund	lang	klug	trüb

   b. Schreibe nun jedes Adjektiv in Verbindung mit einem Nomen auf.

4. Übertrage die folgende Tabelle in dein Heft und ergänze die Lücken.

Infinitiv		loben			tragen	schlafen	
3. Pers. Sing. Präs.	tobt		klebt	bebt			trabt

Richtig schreiben 59

Schwierige Konsonanten

1. Schreibe die folgende Wortreihe in dein Heft und ergänze jeweils den fehlenden Konsonanten. Vorsicht: Es kann b oder p bzw. d oder t eingefügt werden. Verlängere die Wörter entsprechend:

   Hupkonzert – hupen.

Zün_ung	Ra_weg	Schrei_papier	Star_aufstellung	Pum_kanne
	Fel_weg	Ra_espiel	Den_blase	

2. a. Es gibt Merkwörter, die man sich besonders gut einprägen muss. Schreibe die folgenden Wörter in dein Heft.

Adler	Erbse	Herbst	hübsch	Krebs	Mädchen	ob	Obst	während

   b. Bilde mit jedem Wort einen Satz!

3. Übertrage die folgende Tabelle in dein Heft und ergänze die Infinitiv-Formen.

Infinitiv							
2. Pers. Sing. Präs.	gi_st	trei_st	lü_st	schwei_st	zün_est	ba_est	schrei_st

4. Schreibe die folgenden Reimpaare in dein Heft und füge die richtigen Konsonanten ein.

Aus Ra_ mach ich Räder, aus Ba_ mach ich ...	Aus wil_ mach ich wilder, aus Bil_ mach ich ...	Aus ja_t mach ich jagen, aus schlä_t mach ich ...
Aus blin_ mach ich Blinde, aus Win_ mach ich ...	Aus Lo_ mach ich loben, aus to_t mach ich ...	Aus lü_t mach ich Lüge, aus Zu_ mach ich ...
Aus Wor_ mach ich Worte, aus Or_ mach ich ...	Aus qua_t mach ich quaken, aus eingeha_t mach ich ...	Aus Bro_ mach ich Brote, aus Verbo_ mach ich ...

Richtig schreiben

Doppelkonsonanten

Wörter mit kurzen Vokalen

Wenn ein Wort einen betonten kurzen Vokal (= Selbstlaut) hat, dann folgen darauf meistens zwei Konsonanten (= Mitlaute). Diese kannst du beim deutlichen Sprechen auch gut hören.

der Hund   der Korb   sie trinkt

Konsonanten verdoppeln

Wenn du bei einem Wort mit kurzem Vokal nur einen Konsonanten hörst, dann liegt das daran, dass der Konsonant meist verdoppelt wird.

das Fass   er isst   das Wasser

Ausnahmen

Es gibt aber auch Ausnahmen von dieser Regel der Konsonantenverdopplung.
Wörter in deutscher Sprache kennen keine Verdopplung von **kk** und **zz**. Also wird nach kurzem Vokal statt *kk* ein **ck** und statt *zz* ein **tz** geschrieben.

die Hecke   die Katze

Achtung:
Es gibt Wörter anderer Sprachen, die im Deutschen ganz normal benutzt werden. Bei diesen Wörtern kommt es vor, dass ein „kk" oder ein „zz" geschrieben wird. Diese Wörter sind aber eher die Ausnahme.

der Akku   die Skizze   die Pizza

Langform als Probe

Bei einsilbigen Wörtern kannst du oft schlecht hören, ob das Wort mit einem oder mit zwei Konsonanten geschrieben wird. Hier gibt es einen Trick: Verlängere das Wort und schon hörst du den Doppelkonsonanten heraus.

schwimmt – schwimmen   bellt – bellen

Richtig schreiben

Doppelkonsonanten

1. Lies dir die folgenden Wörter gut durch. Was fällt dir auf? Wie wird der erste Vokal in dem Wort gesprochen?

Hüte	Ofen	wen	Star	her	kämen
Qualen	den	Gase	Pole		

2. Alle diese Wörter haben eins gemeinsam: Sie bekommen eine andere Bedeutung, wenn du den mittleren Konsonanten verdoppelst. Schreibe sie als Wortpaare in dein Heft. Was fällt dir jetzt an dem ersten Vokal auf?

   *Hü*te (Kopfbedeckungen) – *Hü*tte (Behausung)

3. Wenn ein Wort mit einem Doppelkonsonanten geschrieben wird, dann werden <u>meist</u> auch die Wörter in der Wortfamilie mit Doppelkonsonanten geschrieben.
   Bilde zu den folgenden vier Wörtern Wortfamilien. Du solltest mindestens vier weitere Wörter aus der Familie finden. Unterstreiche die Doppelkonsonanten blau.

   rennen, rennt, der Renner, gerannt, Rennauto …

essen	schwimmen	können	beginnen

4. Die häufigsten Doppelkonsonanten sind: ff, ll, mm, nn, rr, ss, tt.
   Suche zu jedem Doppelkonsonanten Wörter, in denen er vorkommt.

ff	*Affe*		
ll		*wollen*	
mm	*schwimmen*		
nn			*beginnen*
rr		*knurren*	
ss	*essen*		
tt			*Ritt*

Richtig schreiben

Doppelkonsonanten

1. Bei manchen Wörtern ist es schwer zu hören, ob ein Doppelkonsonant vorkommt, oder nicht. Anhand der Verlängerungsprobe kannst du dies aber schnell feststellen. Finde die Wörter, zu denen die Verlängerung hier bereits steht. Schreibe die Wortpaare in dein Heft und unterstreiche die Doppelkonsonanten.

   a) der Schwamm – die Schwämme
   b) der Ka__ – die Kämme
   c) vo__ – voller
   d) du__ – dümmer
   e) schne__ – schneller
   f) sti__t – stimmen
   g) he__ – heller
   h) to__ – toller
   i) ste__t – stellen
   j) spi__t – spinnen
   k) schne__ – schneller
   l) Ku__ – küssen
   m) Flu__ – Flüsse
   n) Pa__ – passen

2. Es gibt Wörter, die mit kurzem Vokal und einem Konsonanten oder langem Vokal und Doppelkonsonanten eine andere Bedeutung bekommen. Finde zu den folgenden Wörtern die Gegenpaare: das Mus – ich muss

   | der Pole | denn | her | die Schalen | die Krume |

3. Setze in die freien Stellen tz oder ck oder auch andere richtige Doppelkonsonanten ein. Bei manchen Wörtern passen mehrere Buchstaben. Schreibe die Wörter in dein Heft und unterstreiche die Doppelkonsonanten mit einem farbigen Stift.

   a) kle__ern – kleckern, klettern
   b) Ta__e – _____
   c) Schre__ – _____
   d) we__en – _____
   e) De__e – _____
   f) Bä__er – _____
   g) se__en – _____
   h) Lo__en – _____
   i) Pfü__e – _____
   j) Spe__ – _____

Richtig schreiben

Silbentrennung

Silben

Wörter bestehen aus **Silben**. Manche Wörter haben nur **eine Silbe**, z.B. *ich, du, wir, das Bad, weg* … Die meisten Wörter bestehen aus **zwei Silben**, z.B. *ge-hen, lau-fen, bau-en* … Es gibt aber auch Wörter mit **drei oder mehr Silben**, z.B. *ein-rah-men, auf-bau-en* …

Silbentrennung

Wörter mit nur einer Silbe können nicht getrennt werden.
Mehrsilbige Wörter können getrennt werden. Man trennt sie meist so, wie es sich beim langsamen Sprechen eines Wortes ergibt, also nach **Sprechsilben**.

Bir-ne, Baum, Le-se-buch, Last-wa-gen-fah-rer

Es dürfen auch einzelne **Zwielaute** abgetrennt werden, z.B. *Ei-er, Au-to, sau-er* …
Aber **einzelne Vokale** am Wortanfang oder am Wortende **dürfen nicht abgetrennt** werden, z.B. *Abend-es-sen* …

Offene und geschlossene Silben

Es gibt offene und geschlossene Silben.

Offene Silben: Das Wort **Name** besteht aus zwei Silben: *Na-me*.
Die erste betonte Silbe endet mit dem Buchstaben **a**. Sie ist offen.
Der Vokal **a** wird lang gesprochen:
Na-me (nicht: Nam-me).

Geschlossene Silben: Das Wort **Sonne** besteht auch aus zwei Silben: *Son-ne*.
Die erste betonte Silbe endet mit einem **n**. Sie ist geschlossen.
Der Vokal **o** wird kurz gesprochen: Son-ne (nicht: So-ne).

Aufgepasst: Bei Doppelkonsonanten wird der Silbentrennungsstrich zwischen die zwei Konsonanten gezogen, z.B. *Ton-ne, Flam-me, Küm-mel* …

Richtig schreiben

Silbentrennung

1. **Überlege dir einen Oberbegriff, wie z.B. Garten. Versuche nun, zu diesem Oberbegriff Wörter mit je einer Silbe, mit zwei Silben, mit drei Silben oder mehr zu finden. Schreibe in dein Heft.**

   Wort mit einer Silbe: Gras
   Wort mit zwei Silben: He-cke
   Wort mit drei Silben: Gar-ten-haus
   …

2. **Lies dir die folgenden Wörter langsam laut vor und finde heraus, wie viele Silben in den Wörtern stecken. Trage die Wörter richtig in die Tabelle ein.**

   glänzen   Zirkus   Kartoffel   Freund   oben   Mittagessen   Silbe   Elefantenhaus   Taschenuhr   Radiowecker   wir   euch   Tischdecke   kämmen

Einsilbige Wörter	Zweisilbige Wörter	Wörter mit drei oder mehr Silben
	glän-zen	

3. **Weißt du, was eine Silbentreppe ist? Es werden mehrere zweisilbige Wörter hintereinandergereiht. Das zweite Wort beginnt mit der letzten Silbe des ersten Wortes usw.**

   Diebe   Be-weis   Weis-heit   …

   Baue fünf solcher Silbentreppen mit mindestens je drei Wörtern. Schreibe in dein Heft.

   _____

   _____

   _____

   _____

   _____

Richtig schreiben 65

Silbentrennung

1. **Hier findest du sowohl Wörter mit offener Silbe als auch Wörter mit geschlossener Silbe. Ordne sie richtig in die Tabelle ein. Schreibe die Tabelle in dein Heft.**

Raben schlafen zappeln kämmen Blasen Schramme Fabel Asse loben gewinnen beginnen Sonne Krone Kümmel Säge rappeln Lümmel Tonne Nabel Zone

Wörter mit offener Silbe	Wörter mit geschlossener Silbe
Ra-ben	*zap-peln*

2. **Bilde zu den folgenden Nomen die zweisilbige Wortform, indem du sie in den Plural setzt. Schreibe die Formen in dein Heft. Verwende auch immer den Silbenstrich.**

der Ast – die Äs-te

der Ball   das Bad   der Fall   der Hut   die Hand   das Kind das Land   der Mann   der Weg

3. **Ordne nun die zweisilbigen Wörter in deine Tabelle von Aufgabe 1 ein.**

Richtig schreiben

Groß- und Kleinschreibung

Großschreibung von Nomen

Nomen werden immer großgeschrieben. Es gibt unterschiedliche Erkennungszeichen für Nomen. Dazu gehören Artikel, Adjektive, Pronomen, versteckte Artikel oder eine bestimmte Nachsilbe.

Artikel und versteckte Artikel vor Nomen

Artikel gehören zu den Wörtern, die auf Nomen hinweisen. Es gibt **bestimmte** Artikel (der, die, das) und **unbestimmte** Artikel (ein, einer, eine). Außerdem gibt es Wörter, in denen Artikel **versteckt** sind (ins = in das; beim = bei dem; zum = zu dem).

der *Mann* – **die** *Frau* – **das** *Kind*
ins *Schwimmbad* – **beim** *Spielen* – **zum** *Glück*

Adjektive vor Nomen

Adjektive können allein oder mit einem Artikel oder Pronomen vor einem Nomen stehen. Grundsätzlich werden aber nur die Nomen großgeschrieben.

schöne *Ferien* oder **ein neues** *Auto*
mein *Garten* oder **sein altes** *Buch*

Pronomen vor Nomen

Pronomen sind Wörter, die für ein Nomen stehen können. Genauso wie die Artikel können Pronomen ein Nomen auch begleiten oder auf ein Nomen aufmerksam machen.

mein *Lied,* **ihr** *Lied,* **unser** *Lied,* **diese** *Lieder*

Nomen mit bestimmten Nachsilben

Man kann manche Nomen auch an ihrer Nachsilbe erkennen. Dazu zählen **-nis**, **-keit**, **-heit**, **-ung**.

*Schön***heit**   *Erleb***nis**   *Ehrlich***keit**   *Zahl***ung**

Richtig schreiben

Groß- und Kleinschreibung

1. **a. Lies den folgenden Text aufmerksam durch.**

   Hungrige Flugobjekte

   Kaum ist die torte auf dem tisch, summen die gäste über die terrasse. Sie sind zwar unerwünscht, aber das stört sie nicht. Der kuchen hat die bienen angelockt. Schnell noch eine runde gedreht und dann ein sturzflug auf die beute. ein tier verschwindet mit einem brocken. Das ziel ist das nest mit der königin. Die freut sich!

   b. Schreibe den Text in der richtigen Groß- und Kleinschreibung in dein Heft. Unterstreiche die Artikel.

2. **a. Lies den folgenden Text aufmerksam durch.**

   Der Ameisenbär

   Eine wirkliche Schönheit ist er nicht – der Ameisenbär. Sein Fell ist borstig und hat Ähnlichkeit mit einer drahtigen Fußmatte. Sein schmaler Kopf gleicht einer länglichen Röhre. Sein Maul und diese Augen! Sie sind winzig. Zähne nennt er nicht sein Eigen – dafür hat er aber eine bewegliche und lange Zunge. Wenn dieses seltsame Tier durch das üppige Gras der Wildnis streift, muss man schon genau hinsehen, wo beim Ameisenbär vorn und hinten ist.

   b. Schreibe alle Nomen heraus, die nur ein Pronomen als Erkennungszeichen haben.

   c. Notiere alle Nomen, die ein Pronomen und ein Adjektiv als Erkennungszeichen haben.

   d. Nun fehlen immer noch einige Nomen. Schreibe sie mit ihrem Erkennungszeichen in dein Heft. Füge hinzu, um welches Erkennungszeichen es sich handelt.

3. **Bilde aus den folgenden Wörtern durch Anhängen einer passenden Endung (-nis, -keit, -ung, -heit) ein Nomen. Schreibe die Nomen mit Artikel in dein Heft.**

schön	ergeben	heiter	krank	gesund	werben	verwenden
tapfer	erleben	ändern	erzählen	selten	fröhlich	unterhalten
	ärgern	enthaltsam	bremsen	finster		

Groß- und Kleinschreibung

1. **Entscheide dich für die richtige Schreibweise und schreibe die Sätze in dein Heft.**

   a) Das R/rauchen gefährdet die Gesundheit.

   b) Mein Vater hat letztes Jahr aufgehört zu R/rauchen.

   c) Ein Profifußballer muss jeden Tag viele Stunden T/trainieren.

   d) Für einen Marathonlauf ist ein langfristiges T/trainieren sehr wichtig.

   e) Durch regelmäßiges L/laufen kann man sich fit halten.

   f) Michael muss jeden Tag zur Arbeit L/laufen.

2. **a. Lies den folgenden Text.**

   Rückreiseverkehr auf den deutschen autobahnen

   Eine der wichtigsten ursachen für das entstehen von staus sind die hohen geschwindigkeiten auf der überholspur. Manchmal überholt ein auto einen langsamen lastzug. Fährt dann ein schnelleres auto zu dicht auf und bremst zu spät, müssen auch die anderen fahrer auf das bremspedal treten. Irgendwann bleibt der verkehr stehen. Der grund für einen stau sind also
   5 die verschiedenen geschwindigkeiten. Das ideale tempo auf den meisten autobahnen ist 80 km pro stunde. Häufig sind die autobahnen in den süden betroffen, weil viele leute in den südlichen ländern urlaub machen wollen.

   b. Schreibe den Text mit der richtigen Groß- und Kleinschreibung in dein Heft.

3. **a. Bilde aus den folgenden Wortbausteinen passende Wörter.**
   b. Schreibe zu jedem Wort einen Satz.

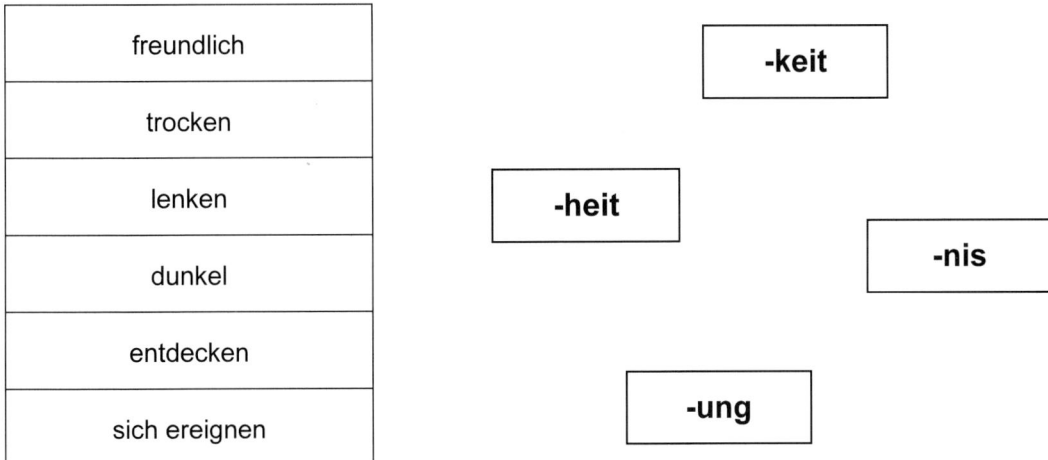

Wortfelder und Wortfamilien

Wortfeld

Wortfelder werden von **Wörtern mit vergleichbarer, verwandter oder gegensätzlicher Bedeutung** gebildet.
Zu einem Wortfeld gehören **Wörter einer Wortart**.

Wortfeld *gehen*: humpeln, schlendern, rennen, watscheln, krabbeln, …

Wortfamilie

Wörter einer **Wortfamilie** haben den **gleichen Wortstamm**.
Die Wörter einer Wortfamilie unterscheiden sich durch **Präfixe (Vorsilben)** und **Suffixe (Nachsilben)**.
Oft werden Wörter auch durch die **Zusammensetzung von Substantiven (Komposita)** gebildet.

Wortfamilie *leben*: er*leben*, *leben*slang, be*leb*end, *leb*haft, …

Präfixe (Vorsilben) können z.B. sein:

ver-, ent-, er-, be-, zer-, un-, ge-, ab-, ur-, miss-, …

brechen: *Ver*brechen, *zer*brechen, *er*brechen, *ab*brechen, …

Suffixe (Nachsilben) können z.B. sein:

-ig, -ung, -er, -ling, -nis, -e, -tum, -isch, -en, -bar, -sam, …

vorstellen: Vorstell*ung*, Vorstell*er*, vorstell*en*, vorstell*bar*, …

Zusammensetzung von Substantiven (Komposita):

leben: Lebens + versicherung, Lebe + wesen, Lebens + mittel, …

Wortfelder und Wortfamilien

1. a. Anstatt das Wort „machen" häufig zu gebrauchen, solltest du andere Wörter aus diesem Wortfeld nutzen. Im Kasten stehen Verben, die zum Wortfeld „machen" gehören. Ordne sie einer passenden Erklärung zu. Aufgepasst: Es haben sich auch fünf falsche Verben eingeschlichen.

   > frisieren   watscheln   hinterlassen   basteln   schlendern   musizieren   kriechen   backen
   > fotografieren   wandern   ausruhen   humpeln   verreisen   kochen   schneiden

   a) eine Pause machen: _____   b) einen Kuchen machen: _____

   c) eine Papierfigur machen: _____   d) Urlaub machen: _____

   e) Fotos machen: _____   f) Haare machen: _____

   g) Musik machen: _____   h) Grimassen machen: _____

   i) Essen machen: _____   j) Spuren machen: _____

   b. Schreibe die fünf falschen Verben auf und bestimme das gemeinsame Wortfeld.

   Wortfeld (_____): _____

2. Jeweils ein Wort im Wortfeld ist falsch zugeordnet. Streiche es durch. Benenne die Gemeinsamkeit der verbleibenden Wörter.

   a) Strohhut – Zylinder – Regenschirm – Helm – Wollmütze – Kopftuch   (_____)

   b) heiß – schwül – flüssig – trüb – regnerisch – neblig – frostig   (_____)

   c) gehen – laufen – humpeln – sitzen – wandern – rennen   (_____)

   d) verhungern – ertrinken – verdursten – erfrischen – verbluten – erfrieren   (_____)

3. a. Finde die Wörter, die zu einer Wortfamilie gehören, und kreise sie in der gleichen Farbe ein.

   > frostig   fehlen   drohen   Kehrblech   traumhaft   Gefahr   Verkehr   Fahrer
   > frösteln   befehlen   Drohung   Frost   umkehren   Albtraum   bedrohen
   > verfehlen   geträumt   bekehren   erfahren   Fehler   Träumer   fehlerfrei   bedrohlich

   b. Schreibe die Wortfamilien in dein Heft und trage hinter jedem Wort die Wortart ein.

   c. Unterstreiche bei jedem Wort den Wortstamm.

Wortfelder und Wortfamilien

1. a. Ordne die folgenden Wörter einem passenden Wortfeld zu. Zwei Wörter haben sich hier verirrt. Kreise sie ein.

hauchen	schluchzen	knabbern	tuscheln	kutschieren	beobachten
wispern	hinstarren	jammern	tuckern	speisen	erblicken	brausen
umsehen	murmeln	beachten	seufzen	gondeln

flüstern	sehen	weinen	fahren

   b. Zu welchem Wortfeld gehören die zwei eingekreisten Wörter? Ergänze das Wortfeld um drei eigene Wörter.

   Wortfeld (_____): _____

2. Ergänze die angefangenen Wortfelder um zwei passende Wörter und benenne das gemeinsame Merkmal.

   a) Auto   Taxi   _____ (_____)

   b) Sessel   Hocker   _____ (_____)

   c) zerbrochen   verfault   _____ (_____)

   d) schlau   clever   _____ (_____)

3. Finde zu den folgenden Wortstämmen je ein Verb, Nomen und Adjektiv. Notiere die Wortart in Klammern dahinter.

   geb- : _____

   hand- : _____

   rat- : _____

   freund- : _____

Bedeutungslehre

Synonyme

Als **Synonyme** bezeichnest du **Wörter mit gleicher oder ähnlicher Bedeutung**. Achte darauf, Synonyme zu verwenden, die der Stilebene entsprechen.

Auto: *Fahrzeug, Kraftfahrzeug, Wagen, Automobil, ...* (**Kiste** = Vorsicht, Stilebene!)

Kopf: *Schädel, Haupt, Schopf, ...* (**Birne** = Vorsicht, Stilebene!)

Antonyme

Wörter mit **gegensätzlicher Bedeutung** nennst du **Antonyme**.

lang – kurz   Sieg – Niederlage   sinnlos – sinnvoll   reden – schweigen

Homonyme

Wörter, die **gleich geschrieben und ausgesprochen werden**, aber eine **andere Bedeutung haben**, nennst du **Homonyme**. Du kennst solche Wörter bereits durch das Spiel „Teekesselchen".
Dass es sich bei Homonymen um verschiedene Wörter handelt, erkennst du manchmal an **grammatischen Merkmalen** wie dem **Artikel** oder dem **Plural**.

der Ball (Sportgerät)   und   *der Ball* (Festlichkeit)

die Bank/die **Bänke** (Sitzgelegenheit)   und   *die Bank/die* **Banken** (Geldinstitut)

Oberbegriff (Hyperonyme)

Als Oberbegriffe bezeichnest du Wörter, die andere **Wörter mit gleichen Bedeutungsmerkmalen zusammenfassen**.

Gewässer: *Teich, Bach, See, Fluss, Meer, Ozean, ...*

Gemüse: *Gurke, Karotte, Paprika, Kohl, ...*

Unterbegriffe (Hyponyme)

Unterbegriffe sind **Wörter**, die mit anderen gemeinsam **unter einen Oberbegriff eingeordnet** werden können.

Wörter wie *Teich, Bach, See, Fluss, Meer, Ozean* sind Unterbegriffe des Oberbegriffs **Gewässer**.

Bedeutungslehre

1. **a. Finde aus dem linken Kasten und dem rechten Synonyme. Schreibe sie in dein Heft.**

Apfelsine Karotte ranzig Esel forschen Haus Fahrrad gekräuselt bezaubernd erbeuten rasen Kante sauer	Drahtesel Ecke Maultier bitter erkämpfen hinreißend erkunden verdorben Heim Möhre Orange gelockt hetzen

   b. Finde aus dem linken und rechten Kasten Antonyme. Schreibe sie auf.

faul Ordnung stinken stehen Haare mager Leben Krieg hell eilen Berg weich süß bekleidet grob Riese gewinnen	duften dunkel nackt fein rau Tal Tod Zwerg Glatze fett schleichen sauer verlieren liegen Chaos fleißig Frieden

2. **Errate die umschriebenen Homonyme.**

   a) Wird gerne als Nachspeise serviert.
      Befindet sich im Winter als Decke auf dem See.   _____

   b) Wird am Finger getragen.
      Ort, an dem der Boxer kämpft.   _____

   c) Zuspiel beim Fußball
      Ausweispapier   _____

   d) Viele Blumen zusammen ergeben es.
      Eine schnelle Vogelart   _____

   e) Der Planet, auf dem wir wohnen.
      Nährstoffboden für Pflanzen   _____

   f) Fischart, die gerne eingelegt wird.
      Befestigungsmetall für das Zelt.   _____

   g) Kopfbedeckung des Hahns
      Gegenstand, um Haare zu frisieren.   _____

   h) Bildet sich gerne an der Supermarktkasse.
      Giftiges und schnelles Tier   _____

3. **Hier sind Ober- und Unterbegriffe durcheinandergeraten. Ordne sie und schreibe sie richtig in dein Heft.**

Rabe   Fußball   locken   Kaktus   Oma   Elster   Storch   Reiten   Handball Nagelbrett   glätten   Hockey   Wassertiere   Igel   flechten   Schwester   Zaun hochstecken   Wal   Mutter   Fink   Drossel   Golf   Sport   stachelig   Vater Opa   Vögel   kämmen   Goldfisch   Delfin   Onkel   Robbe   Neffe   frisieren Basketball   Kastanie   Familie

Bedeutungslehre

1. a. Zwei Wörter gehören immer zusammen. Allerdings können es sinnverwandte Wörter (Synonyme) oder Wörter mit entgegengesetzter Bedeutung (Antonyme) sein. Schreibe sie in dein Heft.

| Metzger winzig Singular Bewegung niemals Nacht vorwärts oben Lift Beifall leer geben spitz Pille eisig richtig Faulheit Hengst frostig Herde locker peinlich Fahrstuhl Plural nehmen immer Stute unten Tag Applaus Tablette voll stumpf rückwärts lose blamabel riesig Rudel falsch Fleischer |

b. Markiere Synonyme blau und Antonyme grün.

2. Schreibe zu den Homonymen je zwei Sätze in dein Heft, die die unterschiedliche Bedeutung ausdrücken.

| Tau   Kiefer   Futter   Löffel   Ente   Nagel |

3. a. In den Wörterschlangen findest du seltsame Wörter, hinter denen sich Unterbegriffe verstecken. Unterstreiche alle zusammengehörenden Unterbegriffe in der gleichen Farbe.

**OmaSachenPudelMützeSchnitzelTopfBoxerSchuheGroßvaterGeschichtenSteakHaus
DackelBlickBernhardinerTeppichKräuterFrikadelleKrankenSchwesterHackbraten
SoßeMutterMalRouladenFadenBruderHerzHaarKotelettDickMops**

b. Finde zu den Unterbegriffen den passenden Oberbegriff.

a) _____

b) _____

c) _____

Wortkunde und sprachlicher Ausdruck

Geschichten erzählen

Wichtige Hinweise zum Erzählen einer Geschichte

- Gliedere deine Geschichte in **Einleitung**, **Hauptteil** und **Schluss**. Achte dabei auf einen **Spannungsbogen** und gestalte dabei den **Höhepunkt** besonders spannend.

- Finde eine passende **Überschrift**, das weckt die Neugier der Leserinnen und Leser.

- Benutze in sinnvoller Art und Weise **wörtliche Rede**, d.h. lasse die Personen reden, denken und fühlen, dadurch wird die Geschichte lebendiger.

- Schreibe anschaulich und verwende **passende Adjektive und Verben**.

- **Vermeide Wiederholungen**, denn meistens machen sie eine Geschichte langweilig.

- Beachte die Regeln der **Rechtschreibung**, **Zeichensetzung** und **Grammatik**.

- Achte auf die **äußere Form**, wie Handschrift, Absätze, Rand.

Geschichten erzählen

Fantasiegeschichten erzählen

Thema: „Mit der Luftmatratze auf Kreuzfahrt"

1. Notiere dir zunächst alles, was dir zu dem Thema einfällt, und schreibe in dein Heft.

    Tipp:
    Überlege dir erst, in welcher Form du deine Gedanken sammeln willst. Du kannst Stichpunkte machen, ein Brainstorming oder eine Mindmap!

2. Überlege dir jetzt die Inhalte für jeden einzelnen Teil der Geschichte! Mache dir Notizen in deinem Heft.

    ### a. Einleitung:
    - ✓ Ort
    - ✓ Zeit
    - ✓ Personen
    - ✓ Wie könnte die Reise beginnen?

    ### b. Hauptteil:
    - ✓ Was ereignet sich alles während der Reise?
    - ✓ Wo liegt der Spannungshöhepunkt der Geschichte?

    ### c. Schluss:
    - ✓ Wie und wo endet deine Geschichte?

3. Schreibe mithilfe deiner Stichpunkte eine spannende Fantasiegeschichte in dein Heft.

    Wichtig:
    Beachte die Schreibhinweise zum Erzählen einer Geschichte!

Geschichten erzählen

Fantasiegeschichten erzählen

1. **Sieh dir das folgende Bild an und sammle deine Gedanken. Schreibe sie in dein Heft.**

2. **Beschreibe kurz den Ort und notiere dir Stichpunkte in dein Heft.**

3. **Du hast nun deine Gedanken gesammelt. Erzähle eine spannende Fantasiegeschichte zu dem Bild. Schreibe in dein Heft.**

    Achtung: *Beachte die Regeln der Rechtschreibung, Zeichensetzung und Grammatik!*
    Achte auch auf die äußere Form, wie Handschrift, Absätze, Rand!

Briefe schreiben

Wichtige Hinweise für das Verfassen von Briefen

Der Brief ist eine schriftliche Mitteilung an einen bestimmten Empfänger, der persönlich angesprochen wird. Der Brief hat eine private Funktion und kann auch für geschäftliche und offizielle Zwecke genutzt werden. Allgemeine formale Kriterien eines Briefes:

- Absender
- Anschrift des Empfängers
- Betreffzeile
- Orts- und Datumsangabe
- Anrede
- Text
- Schlussformel

Tipp: Achte auch auf die Blattaufteilung, Rand, Absätze, Schriftbild!

Beispiel für einen Brief:

[Absender]
Anna Seibert
Berliner Straße 3
70180 Stuttgart

[Anschrift des Empfängers]
Max Mustermann
Musterstr. 23
12345 Musterstadt

[Ort], [Datum]
Stuttgart, 25.08.2010

[Betreffzeile]
Kündigung

[Anrede]
Sehr geehrter Herr Mustermann,
[Text]
hiermit möchte ich …

[Schlussformel]
Mit freundlichen Grüßen
[Unterschrift]
Anna Seibert

Briefe schreiben

1. Übertrage das folgende Briefmuster in dein Heft. Füge die fehlenden Begriffe […] an der richtigen Stelle ein.

   > […]
   > Anna Seibert
   > Berliner Straße 3
   > 70180 Stuttgart
   >
   > […]
   > Max Mustermann
   > Musterstr. 23
   > 12345 Musterstadt
   >
   >   […],   […]
   >   Stuttgart, 25.08.2010
   >
   > […]
   > **Kündigung**
   >
   > […]
   > Sehr geehrter Herr Mustermann,
   > […]
   > hiermit möchte ich …
   >
   > […]
   > Mit freundlichen Grüßen
   > […]
   > Anna Seibert

2. Stelle dir vor, du bist im Urlaub und schreibst deiner besten Freundin oder deinem besten Freund einen Brief. Beachte, dass du bei einem persönlichen Brief die Anschrift des Empfängers und deine Adresse nicht auf das Briefpapier schreibst, sondern auf den Briefumschlag. Schreibe auf Briefpapier und benutze einen Briefumschlag, den du anschließend in dein Heft kleben kannst.

Briefe schreiben

1. Du hast seit einiger Zeit die Zeitschrift Geolino abonniert. Du willst die Zeitung nicht länger lesen. Deine Eltern wollen mit dir einen Kündigungsbrief schreiben. Beachte die formalen Kriterien eines Briefes. Benutze auch die folgenden Vorgaben und schreibe den Brief sauber auf ein weißes Blatt Papier.

GEO Kunden-Service	hiermit kündige ich fristgerecht	35390 Gießen
Mit freundlichen Grüßen	Sehr geehrte Damen und Herren,	Musterstraße 8
das Abonnement der Zeitschrift Geolino	**Betr.:** Kündigung meines Abonnements	
	Gießen, den 01.05.2010	

2. Du liest regelmäßig die Nachrichten für Kinder in der Tageszeitung. Am meisten interessiert dich das Kinderrätsel.

   Wer weiß was?

   Wo liegt die Stadt Berlin?

   a) Deutschland   b) Belgien   c) Brasilien

   Die richtige Lösung soll per Brief an die unten stehende Adresse geschickt werden. Schreibe den Brief an die Zeitung mit dem richtigen Lösungswort!

   Zeitungsgruppe Gießen
   Redaktion Kinder
   Stichwort: Rätselspaß
   Georg-Büchner-Straße 2
   35390 Gießen

Märchen und Sagen erzählen

Wichtige Märchenmerkmale

Besondere Dinge und Wesen

Beispiel: *Goldener Schlüssel, Spiegel, Goldesel, Feen, Zwerge, Kobolde*

Übernatürliche Kräfte

Beispiel: *ein Zauberpferd, ein fliegender Teppich, Siebenmeilenstiefel*

Wege

Beispiel: *durch einen Zauberwald, ans Ende der Welt, über Sonne, Mond und Sterne*

Märchenanfänge

Beispiel: *Es war einmal … Zu Vorzeiten waren ein König und eine Königin …*

Zaubersprüche

Beispiel: *Bäumchen, rüttel dich und schüttel dich, wirf Gold und Silber über mich.*

Aufgaben

Beispiel: *Prinzessin retten, Gold und Reichtum erlangen*

Zahlen

Beispiel: *drei Königssöhne, drei Schwestern, sieben Raben*

Gegensätze

Beispiel: *gut und böse, arm und reich, klug und dumm*

Märchenschluss

Beispiel: *Und wenn sie nicht gestorben sind, dann leben sie noch heute.*

Merkmale einer Sage

Unter einer Sage versteht man eine **kurze Erzählung**, die mündlich überliefert wurde und deren wahrer Kern oft der Ort der Handlung ist. Die Handlung hingegen ist meist **Fantasie**. Auf diese Weise möchte eine Sage die Eigenarten, den Namen oder den Ursprung eines **Ortes** erklären.

Märchen und Sagen erzählen

1. a. Welche Anfangsformeln von Märchen kennst du?

   _____
   _____

   b. Ergänze den folgenden Schlusssatz.

   „Und wenn sie nicht gestorben sind, …"

   _____

2. a. In Märchen kommen häufig Gegensätze wie gut – böse vor. Suche weitere Gegensätze und schreibe sie auf.

   _____
   _____

   b. Kennst du Märchen, in denen sich die Figuren verwandeln? Nenne ein Beispiel.

   c. Sammele verschiedene Zauberdinge, die du aus Märchen kennst. Welche besondere Kraft haben sie?

   _____
   _____
   _____
   _____
   _____

3. Welches Märchen passt zu welchem Spruch? Verbinde den Spruch mit dem passenden Titel.

Aschenputtel	Spieglein, Spieglein an der Wand, wer ist die Schönste im ganzen Land?
Hänsel und Gretel	Ach, wie gut, dass niemand weiß, dass ich … heiß.
Rumpelstilzchen	Bäumchen, rüttel dich und schüttel dich, wirf Gold und Silber über mich.
Schneewittchen	Knusper, knusper, knäuschen, wer knuspert an meinem Häuschen?

4. Nenne Märchen, in denen Zahlen eine große Rolle spielen. Manchmal gibt die Überschrift schon einen wichtigen Hinweis.

   _____
   _____

Texte schreiben und verstehen

Märchen und Sagen erzählen

1. Sagen erzählen oder lesen ist schon eine spannende Sache. Schaue dir das folgende Bild an und notiere dir in deinem Heft ein paar Stichpunkte, was dir dazu einfällt.

2. Dieses Gebäude befindet sich in Gießen und nennt sich „Altes Schloss". In der Gießener Stadtbevölkerung nennt man den Turm häufig auch „Heidenturm". Unter dem Turm befindet sich ein alter Kerker. Überlege, was der Begriff bedeuten könnte.

3. Erfinde nun eine Sage und schreibe sie in dein Heft. Wie kommt es, dass der Turm des Alten Schlosses „Heidenturm" heißt?